Le cocker américain

Direction éditoriale
Hervé Chaumeton, Philippe Coppé

Coordination éditoriale
Liza Person

Relecture
Catherine Schram

PAO
Nathalie Lachaud

Photogravure
Stéphanie Henry, Véronique Janvier, Chantal Mialon

ISBN : 978-2-84416-631-9
N° d'éditeur : 84116
Dépôt légal : août 2007

Achevé d'imprimer : juillet 2007
Imprimé en Slovaquie par Polygraf Print GmbH, Presov

Le cocker américain

Laurent Pichard

Artémis éditions

Sommaire

Introduction

Résolument moderne, ce petit clown a une faculté d'adaptation hors du commun. S'il est bien avec vous, il sera bien partout. Il aime la vie trépidante des grandes métropoles, la quiétude de la campagne, et les joies de la gadoue. Il sait être à la fois sophistiqué et aventurier. Il saura vous faire sourire quand vous aurez un coup de blues, juste en le regardant, parce qu'il est craquant et que rien ni personne ne peut lui résister.

Prenez-le dans vos bras et il saura vous insuffler une énergie et une dose de bonne humeur exceptionnelle.

Voilà plus d'un quart de siècle que je suis subjugué par son caractère enjoué et par sa beauté et souhaite vous convaincre dans cet ouvrage que le cocker américain est le compagnon idéal de tous ceux qui aiment avoir une pointe d'originalité.

Généralités

L'HISTOIRE DU COCKER AMÉRICAIN

La famille spaniel comprend de nombreuses branches. Mais à qui se fier face aux multiples et contradictoires discours sur l'origine du cocker ?

Ses origines

> La famille des spaniels

Certains cynophiles pensent que la famille des spaniels, à laquelle appartient le cocker, serait issue d'une souche espagnole. Mais aucun témoignage écrit ne vient étayer cette hypothèse… Une multitude de recherches s'accordent évidemment sur le fait que les spaniels ont été utilisés pour la chasse. Mais le territoire d'origine reste flou.

• Les premières traces

Les premières traces laissées par les spaniels dans l'histoire dateraient du XIVe siècle. Le Britannique Geoffrey Chaucer en parle dans le texte du prologue du *Conte de la femme du drapier de Bath.* Toujours sur l'île céleste, Edouard de Langley, responsable des chasses et des chiens de la cour d'Angleterre, décrit les spaniels, au XVe siècle, dans son ouvrage *Mayster of Game.* Quant à la France, le célèbre amateur de chien Gaston Phébus, comte de Foix, cite en 1387 les spaniels dans son *Livre de la chasse,* notamment dans le chapitre consacré au chien d'oysel (chien d'oiseau). Il y décrit un chien « espainholz » doté de caractères proches de ceux du cocker américain : « Les bonnes coutumes que cieux chiens ont, sont qu'ils ayment bien leur mestre et le suyvent sans perdre parmi toute gent. »

Au XVIe siècle, John Keys (alias Dr Caius, futur médecin de la reine Elizabeth Ire) dressa pour le naturaliste allemand, Konrad Cesaner, une liste de chiens présents sur le territoire britannique, où l'on retrouve les spaniels. Il précisait en 1570 que les « spaniels » avaient été importés d'Espagne.

• Les premières distinctions

Le premier duc de Marlborough, John Churchill, fit l'acquisition de deux petits spaniels en 1700. Satisfait de leur aptitude à la chasse, le duc monta un élevage, en sélectionnant les sujets rouge et blanc (signe distinctif). Il les dénomme « blenheim », nom de sa propriété.

Avec le développement de la cynophilie et des expositions à la fin du XIXe siècle en Grande-Bretagne, les spaniels, baptisés field-spaniels, sont répartis en deux catégories : les moins de 12 kg dénommés cockers-spaniels, les plus de 12 kg dénommés springing-spaniels. Mais comment élaborer une véritable race quand, dans une même portée, peuvent se côtoyer des cockers-spaniels et des springing-spaniels ? Ne pouvant résoudre cette aberration, les éleveurs mettront peu à peu un terme à ce mode de sélection pour en venir aux multiples variétés de spaniels que nous connaissons aujourd'hui.

> Du spaniel au cocker

Le cocker moderne serait apparu en 1879, avec la naissance d'Obo, un adorable chiot de couleur noire appartenant à Mme Farrow. À la suite de cet événement esthétique, d'autres éleveurs commencent à développer la race, parmi lesquels MCA Philipps. Celui-ci créera les cockers

blanc et noir, tricolores et mouchetés. HS Lloyd travaille les cockers rouges et MR de Courcy Peele obtient la première femelle cocker dont la hauteur au garrot est équivalente à la longueur du corps (du garrot à la naissance de la queue).

• Les débuts de la race en Grande-Bretagne

Le Kennel Club britannique reconnaît ce chien sous le nom de cocker, plus exactement english cocker spaniel, et enregistre les premières naissances dès 1893. Sept ans plus tard, un standard est défini et, en 1904, un club de la race est fondé.

• En France

Les premiers sujets inscrits au Livre des origines français (LOF) le sont dès 1885. Le club de la race voit le jour en 1898 et le standard est rédigé en 1904. La race spaniel connaît un succès immédiat sur un territoire français où la chasse est non seulement un art de vivre mais une nécessité économique. Les premiers cockers introduits en France par Paul Caillard, après 1870, étaient issus d'élevages de field-spaniels célèbres : MM. Burdett, Bullock, Boulton, Marchant et Jacobs. Ces chiens étaient alors dénommés petits field-spaniels ou wood-cockers et sans livre d'origine : on ne pouvait alors vérifier leur ascendance à plus de trois générations.

• Les naissances françaises

La première chienne de race cocker enregistrée en France sur le premier registre du LOF, en date du 24 mars 1885, se dénommait Nancy. Son état civil la décrit ainsi : marron à poitrine blanche, poil frisé, née le 22 juin 1882, fille de Dash II et de Jet. Son propriétaire était le

vicomte des Nos, château de Pannard près d'Ernée (en Mayenne). Son éleveur était M. Dessaigne à Billom (dans le Puy-de-Dôme).

L'aventure américaine

> Un grand succès

L'histoire du cocker américain débute en 1881, quand M. Pittcher importe Chloé II aux États-Unis. Cette chienne, qui a été saillie par Obo juste avant son voyage, met au monde Miss Obo II et Obo II. Le cocker eut un tel succès aux États-Unis qu'en 1883 on reconnut la race. Parallèlement, M. Mac Douglas (de nationalité canadienne) et M. Watson (de nationalité américaine) créèrent un club de race à New York, car la majorité des possesseurs de cockers, membres de la *high society*, habitait sur la côte est des États-Unis, de Boston à Philadelphie.

> Les cockers canadiens

La présence d'un Canadien dans les membres fondateurs du Spaniel Club américain ne tient pas du hasard. En effet, les cockers canadiens étaient d'excellente qualité, bien plus typés que leurs confrères américains. Un fils d'Obo II, un des premiers champions du Canada, Black Duck, eut notamment une grande influence dans l'amélioration des cockers d'outre-Atlantique.

> Les deux types

La lignée d'Obo II se distingua peu à peu de celles développées en Europe. L'habitude fut prise de séparer les spécimens pesant moins de 28 livres des autres. La forme de la tête changea, le museau se raccourcit, le crâne devint plus haut et plus arrondi. En Grande-Bretagne, on préférait un chien au corps mi-long, à la tête allongée, à la robe moyennement fournie. Dans la même période, de l'autre côté de l'Atlantique, on optait pour un chien au format et

à la tête nettement carrés, au poil long. Le cocker américain dispose dans son patrimoine héréditaire d'un gène qui lui vaut un pelage très long et soyeux, qui, loin d'être éliminé, fut favorisé et développé. Il nous faut signaler que l'on ne sélectionna aux États-Unis et au Canada que des chiens de taille moyenne. Alors que les Britanniques s'orientèrent, entre les deux guerres et même au-delà, vers un cocker plus grand que le type originel (35 cm) : il toisa jusqu'à 45 cm au garrot. Les cynophiles français, avec à leur tête le Dr Paul, après 1945, contribuèrent de façon déterminante à faire retrouver au cocker sa taille modérée.

> Les années 1930

Dès les années 1930, les différences entre les spaniels américains et les anglais se renforcèrent. L'importance du nombre de cockers aux États-Unis et au Canada permit un développement de la race si important qu'il n'était aucunement nécessaire de faire appel à des importations, d'où un développement particulier de nos chères têtes de cockers. Dans les domaines de la beauté et de la vocation comme animal de compagnie, le cocker américain supplantait évidemment le cocker anglais. Le divorce

devait être consommé. En 1935, un club américain du cocker anglais fut créé face au puissant Spaniel Club américain. Le trait de chien de compagnie entrait en contradiction avec le caractère chasseur des cockers anglais. Mais le cocker américain n'a pas perdu pour autant son instinct. Le standard va jusqu'à le reconnaître comme le plus petit des spaniels de chasse et considère comme pénalisant un pelage trop abondant.

> Le divorce

Après 1930, il devint difficilement concevable de procéder à des croisements entre ces deux chiens. Les Américains qui importèrent des cockers de Grande-Bretagne virent leurs sujets régulièrement battus dans les expositions par les cockers autochtones, en dépit de leurs prestigieuses origines et de leurs titres flatteurs. Il s'agissait, sans doute, d'une petite minorité mais qui prétendait, à juste titre, respecter à la lettre le standard officiel.

Autre fait qui contribua à la création d'un cocker américain : les field-trials avaient été adoptés aux États-Unis et y rencontraient un vrai succès, sur les côtes est et ouest. Tous les spaniels y concouraient ensemble : il était évident que les cockers issus de lignées américaines ne pouvaient s'imposer, face à l'english cocker, et surtout face à un nouveau venu, exclusivement sélectionné pour ces épreuves, le springer spaniel. Les cockers d'Amérique finirent donc par abandonner toute prétention sportive.

> Une aberration

Pour satisfaire la demande des partisans du cocker américain, l'American Kennel Club créa, dans un premier temps, des classes séparées, en reprenant l'ancienne, et discutable, distinction de poids, la barre fatidique étant désormais placée à 25 livres anglaises (11,3 kg). On arriva tout de même à des situations aberrantes : des sujets classés dans une catégorie dans leur jeune âge, passant dans l'autre arrivés à maturité ; tel chien né de parents cockers spaniels devenait english cocker, et inversement.

> Les deux standards

Il fallut attendre 1945 pour que l'American Kennel Club reconnaisse deux standards distincts, et encore en cela, il ne faisait qu'imiter la décision prise par les autorités cynophiles canadiennes dès 1940. Il semble que l'American Kennel Club n'ait élaboré un standard propre au cocker américain qu'après de longues hésitations. Cette réticence officielle se lit entre les lignes du standard du cocker américain, lequel insiste sur ses caractéristiques de chasseur et se refusa d'abord à entériner l'existence d'une robe considérablement plus longue et plus épaisse que celle du cocker anglais. Ce n'est qu'en 1957 que cette caractéristique a été inscrite au standard. Et encore est-il alors précisé que des robes trop longues seraient pénalisées, que le poil ne devait pas être abondant au point de dissimuler les lignes du corps. Enfin, le cocker américain n'est américain qu'en dehors des États-Unis. Dans son pays, il est simplement cocker spaniel, comme à l'origine.

> Le rôle des *handlers*

Une catégorie d'amateurs a fait beaucoup pour le développement et la renommée du cocker américain. Amateurs si l'on peut dire puisqu'il s'agit des *handlers* (ou présentateurs de chiens lors d'exposition). Aux États-Unis, de grandes distances séparent les expositions canines et les éleveurs doivent avoir recours à ces spécialistes. Sans eux, il ne serait pas question de participer à des expositions importantes. Ces *handlers* ont donc eu une certaine latitude pour imposer un type de chiens de plus en plus sophistiqué, propre à mettre en valeur leur savoir-faire tout en suscitant l'admiration du public.

> Un large succès populaire

Dès sa reconnaissance par les instances officielles, le cocker américain a bénéficié d'un large succès populaire dans son pays. Succès qui l'a rapidement amené à la première place du « dog office » canin américain. Il fut aidé dans cette ascension par Walt Disney, qui produisit le dessin animé bien connu *La Belle et le Clochard,* où une chienne cocker américain tient la vedette. Aux États-Unis, un chien de race sur dix est actuellement un cocker américain, malgré une diminution de 15 % du nombre de naissances.

> Les expositions

Les inscriptions aux expositions sont devenues si nombreuses qu'il a été nécessaire de scinder la race en plusieurs variétés de couleur : les noirs (comprenant les noir et feu), les chiens de couleur unie autre que noire, communément appelés Ascob (ce sont les initiales de *Any Solid Color Other Than Black*), et les chiens pluricolores. Les meilleurs de chacune de ces variétés concourent directement pour le titre de meilleur du groupe, sans être mis au préalable en compétition pour un « meilleur de race ». Ce qui multiplie les chances du cocker d'accéder aux titres, mais rend compte également du nombre imposant de sujets présentés.

Ses différents pays d'adoption

> En France

• Les deux premiers « numéros »

Les deux premiers cockers américains présents sur le territoire français furent importés et exposés en 1956, par un capitaine de l'armée américaine de passage à l'exposition de championnat de France, qui se déroulait dans le cadre du Salon agricole à Paris. Par bonheur, il rencontra dans son hôtel Camille Bedel, un éleveur de Saint-Étienne amoureux des races canines et prêt à tomber entre les pattes de notre cocker américain. M. Bedel eut un coup

de foudre pour ces deux chiens. N'écoutant que son cœur, il acheta les deux merveilles du capitaine Blair. Ces deux chiens furent inscrits au LOF, où ils eurent l'honneur de porter les numéros un et deux « cocker américain ».

• Les premiers unicolores

À la même époque, une éleveuse de cockers anglais, Françoise Firminhac, habitant la Normandie, fut fortement impressionnée et subjuguée par les cockers américains. Sur un coup de foudre – le cocker nous a habitués à de tels comportements – elle chercha à importer des cockers américains des États-Unis.

Françoise Firminhac prit des contacts avec Miss Biggs, grande éleveuse de la région de Boston. Elle lui commanda un couple, qu'elle réceptionna en février 1957 : un mâle platine, Biggs' Snow Prince, et une femelle noire dénommée Biggs' Promise.

• Des débuts difficiles

La première exposition de Biggs' Promise eut lieu en Italie, à Bellagio, où elle obtint un énorme succès. Françoise Firminhac décida ensuite d'exposer ses cockers en France en 1959, à l'exposition de Paris. Mais elle ne rencontra jamais le succès escompté, aussi bien auprès des juges qu'auprès des éleveurs de cocker anglais. Le cocker américain était considéré comme un mauvais cousin du cocker anglais. La bonne société snoba la nouvelle diva, Biggs' Promise, ce qui pour un début de carrière d'artiste est, somme toute, assez commun.

• Un charme reconnu

Tout ce qui fait le charme du cocker américain peut être un défaut chez le cocker anglais. Un chanfrein trop court, des yeux trop ronds sont des défauts rédhibitoires chez le cocker anglais. Une certaine aristocratie de chasseurs avait

une idée précise de l'utilisation du spaniel comme chien de travail et voyait d'un mauvais œil l'arrivée de tous ces poils. Après plusieurs expositions, le cocker américain, séducteur avant tout, usa de son charme sur le public. Il a petit à petit gagné sa place au sein de la famille des spaniels.

• Le choix des couleurs

Biggs' Promise fut saillie trois fois avec Biggs' Snow Prince. Elle eut plusieurs chiots, principalement de couleur platine, dont une chienne dénommée Ivory Pimpernel de la Haulte Fortelle. À cette époque, Françoise Firminhac fondait essentiellement son élevage sur les blonds et les crème. Elle élevait aussi des noirs, et des noir et feu, jamais de pluricolores ; sa passion restant les blonds très clairs. Sans nul doute l'élevage se différenciait des chiens que l'on avait l'habitude de voir, des cockers anglais rouge golden. Trouver un chien plus clair surprenait. Cette couleur est dénommée *silver buff* aux États-Unis, c'est-à-dire « trempé dans un bain d'argent ».

• Les souches de l'élevage français

Françoise Firminhac importa encore un phénomène, un mâle de couleur platine, Biggs' Mister Peppy, qu'elle maria avec Ivory Pimpernel de la Haulte Fortelle, commençant ainsi la lignée des crème. Puis vint un autre champion américain, noir, Pinefair Parson, qu'elle fit aussi saillir avec Ivory Pimpernel de la Haulte Fortelle. Elle commença ainsi à créer sa lignée de noirs et noir, feu et crème. Tous ces chiens importés firent souche et améliorèrent peu à peu son élevage. Les cockers américains français doivent énormément à l'amour de Françoise Firminhac. Cette éleveuse a considérablement dominé l'élevage hexagonal, son élevage faisant souche sur l'ensemble du territoire. Pendant une vingtaine d'années, la plupart des pedigrees de chiens nés en France eurent pour origine « un ou une de la Haulte Fortelle ».

• L'élevage des pluricolores

Les premiers pluricolores importés

La vie des races étant tributaire des éleveurs, chacun essaya de distinguer son élevage,

notamment en exploitant le créneau laissé libre par Françoise Firminhac, l'élevage des pluricolores, rouge et blanc, noir et blanc. En 1968, Mme Ruffer (élevage du Merrily) importa du Canada un champion mâle tricolore, Twinhaven Kelly the Kid. Il fut un excellent reproducteur. Elle importa également du Canada une chienne orange et blanc, Nirvana Farm's Cancan Girl. Ses deux chiens furent les deux premiers pluricolores à être importés en France. Vers 1980, elle importa également le premier cocker américain chocolat.

La lignée française

L'année 1968 fut pour le cocker américain une année de bouleversement. Mme Hélène Pashaus (élevage de la Pasaudière) importa des pluricolores, notamment une chienne, Fi-Fo's Focus, qu'elle fit saillir avec le chien de Mme Ruffer, Twinhaven Kelly the Kid. Ainsi naquit le début de la lignée pluricolore en France, notamment la ravissante chienne Isoline de la Passaudière. Nous pouvons tirer un coup de chapeau à ces dames, qui ont eu le courage d'importer à une époque où rien ne pouvait préjuger de la réussite de la race. Chaque nouvel arrivant nécessitait un investissement considérable sans la certitude de la qualité des futures lignées. Une des chiennes parmi les plus connues fut Isoline de la Passaudière. Cette chienne fit la une des journaux, se produisit en poster dans certains magazines de l'époque, une star des années 1970, une star jusqu'au bout des pattes qui a réussi l'amalgame de l'autorité et du charme…

Le 8e groupe

La Fédération cynologique internationale (FCI) a établi une nomenclature des races canines en dix groupes, pour différencier les types de chiens et faciliter ainsi l'organisation des expositions.

- **1er groupe :** chiens de berger et de bouvier.
- **2e groupe :** chiens de types pinscher et schnauzer, des molossoïdes et des chiens de bouvier suisses.
- **3e groupe :** terriers.
- **4e groupe :** teckels.
- **5e groupe :** chiens de type spitz et chiens de type primitif.
- **6e groupe :** chiens courants et chiens de recherche au sang.
- **7e groupe :** tous les chiens d'arrêt.
- **8e groupe :** chiens leveurs de gibier, rapporteurs et chiens d'eau.
- **9e groupe :** chiens d'agrément ou de compagnie.
- **10e groupe :** lévriers.

Le 8e groupe de la nomenclature de la FCI en vigueur comprend 15 races.

Section I. Rapporteurs de gibier.

Retriever à poil plat, retriever du labrador, golden retriever.

Section II. Chiens leveurs de gibier ou broussailleurs.

Rhodesian ridgeback.

Cocker américain, cocker, field spaniel, springer anglais, springer gallois, springer du Sussex, clumber.

Section III. Chiens d'eau.

Barbet, chien d'eau frison, chien d'eau portugais.

• Les relations internationales

Toujours en 1968, Mme Kapferer, de l'élevage Philandra de la Bahia, importa également des chiens des Pays-Bas et des États-Unis. Un de ses chiens noir et feu fut particulièrement remarqué, Priority's Passport. Notons que l'élevage Priority était propriété de Marylin Prior, présidente du Spaniel Club américain pendant plusieurs années. Cet échange fut une excellente occasion favorisant la visite d'une délégation de dames du Spaniel Club américain. Les relations internationales en furent améliorées pour longtemps. En 1971, Mme Bergier, élevage de la Valembreuse, importa des chiens de couleur platine spectaculaire avec des yeux très noirs et une truffe très pigmentée.

• Une période transitoire

Les années phares 1968-1971 ont été suivies d'une période transitoire. Pour qu'un chien devienne à la mode, il faut un certain temps. Comme toujours, mais au plus grand profit des cockers américains, les médias s'en mêlèrent. On vit alors des artistes photographiés avec des cockers américains, notamment Nana Mouskouri, en couverture d'un magazine canin, avec trois cockers américains. Ces chiens sont devenus populaires grâce à leur beauté, à leur élégance mais surtout grâce à leur caractère.

• Quelques chiffres

De 1958 à 1970, 90 cockers américains ont été inscrits au LOF. En 1973, ils étaient 285, en 1977 presque 1 000 et en mai 1980, le chiffre montait à 1 793. On remarque actuellement une multitude d'éleveurs, aux qualités variées, donc une plus grande diversification dans les lignées. La race cocker américain a trouvé une certaine stabilité, avec un nombre constant de naissances inscrites chaque année au LOF (742 en 2001).

> En Grande-Bretagne

• Les importations malheureuses

Le Kennel Club britannique a connu dans les années 1970 un grand nombre d'inscriptions à son registre. Ce phénomène n'a malheureusement pas duré. Malgré quelques importations intéressantes, certains éleveurs ont eu la malchance d'importer des chiens porteurs de tares oculaires, comme la cataracte, l'atrophie rétinienne, le glaucome. Comme il se doit dans de tels cas où les précautions d'usage ne sont pas prises, il y eut, dans les années 1975 et 1976, une répercussion de ces tares dans la descendance.

Nombre d'inscriptions par an

	1986	1989	1990	1991	1992	1993	1994
En France	418	489	601	617	664	648	564
En Grande-Bretagne	367	487	455	403	441		
Aux États-Unis	98 330	111 636	105 642	98 937	91 925	75 882	60 888
En Allemagne			330	428	320		

Ch. Rainbestein's Sweet Georgia Brown.

• Les tares oculaires

Énormément de cockers américains sont devenus aveugles en Grande-Bretagne, ce qui a considérablement terni l'image de la race, d'où une diminution des naissances.

Nous devons être très conséquents avec cette maladie. Les éleveurs britanniques ont réussi à inverser la tendance en éliminant complètement de l'élevage les animaux porteurs de cette maladie.

• Une explication

La quarantaine a certainement eu un impact négatif sur la répercussion de ces tares. Six mois de quarantaine entraînaient un coût énorme pour l'éleveur, et les amateurs avaient donc à leur disposition un éventail d'importation limité.

Les éleveurs ont multiplié les consanguinités sur des chiens porteurs de tares oculaires, avec pour conséquence l'accroissement des naissances de chiots atteints. Après un tel malaise, l'élevage des cockers américains mit du temps à refaire surface. La Grande-Bretagne n'oublie pas sa maladie, l'Europe non plus. Si le crescendo des naissances du début des « seventies » avait perduré, nous aurions actuellement entre 1 600 et 1 700 chiots inscrits chaque année au Kennel Club britannique.

> Aux États-Unis

• Quarante années de règne

Depuis la fin de la Deuxième Guerre mondiale, le cocker américain a toujours été le « number one », jusqu'aux années 1970. Il est alors passé à la troisième, puis à la quatrième place. De 1984 à 1990, il retrouva sa place de numéro un. Avec plus de quarante ans de règne, le cocker américain reste le chien typique de la famille américaine.

• La chute des demandes

La diminution des naissances s'accentua dans les années 1990. Elle serait due à un changement de comportement des Américains face à un univers impitoyable... Le cocker américain ne correspond peut-être plus aux attentes d'une famille américaine. Elle recherche sans doute un chien un peu plus grand. La mode du labrador s'est imposée. Par ailleurs, les gens ont besoin de sécurité et préfèrent un rottweiler ou un dobermann. Les personnes qui habitent en appartement, dans une grande ville, achètent un chien de compagnie plus petit, comme le maltais ou le shih-tzu. On peut encore craindre une diminution des naissances chez le cocker américain, car c'est un chien qui demande beaucoup de travail si on veut le garder « en poil ».

• La concurrence

Le cocker américain est très stéréotypé. Même si l'éventuel maître a passé toute sa jeunesse avec des cockers, il a actuellement à sa disposition toute une série de races. Le labrador, le rottweiler, le dobermann, le caniche, le shih-tzu sont des chiens très dangereux pour la notoriété du cocker américain. Mais gageons que notre favori aux yeux si doux, à l'allure si élégante, toisera ses concurrents dans le dernier virage.

> En Europe de l'Est

• Un énorme amateur

Comme chacun le sait, le commerce avec les pays de l'Est est florissant. La Russie est un énorme amateur de cockers américains. Deux ou trois éleveurs russes ont une qualité de cockers exceptionnelle. Une éleveuse russe s'est placée deuxième, en 1995, à la Mondiale, avec des chiens de très haute qualité. Les autres pays satellites de la Russie produisent des chiens de qualité moyenne. Ils ont encore quelques années de retard.

L'élevage a connu une augmentation assez surprenante en Europe de l'Est, surtout en Slovénie et en Hongrie, avec une bonne qualité d'ensemble.

• La souche de l'élevage russe

Le nombre de cockers américains en Russie est impressionnant. La qualité ne l'est pas toujours. Une exposition en Russie, en 1992, regroupait près de 300 cockers américains. Il est impossible de réaliser un tel rassemblement en Europe de l'Ouest.

Le cocker américain a fait son apparition en Russie sous forme de cadeaux venant de l'étranger. Ainsi, en 1978, le directeur d'une maison de montres en Suisse voulait développer ses contacts avec la Russie. Il demanda à l'épouse de son interlocuteur ce qui lui ferait plaisir. Cette femme opta pour une femelle cocker américain prénommée I love you de la Vigie. Il se trouve que, quelques années plus tard, cette femelle avait fait souche. Mariée avec un chien originaire d'Australie, elle fut à l'origine du développement du cocker américain à Moscou.

Actuellement, l'élevage russe est parmi les meilleurs du monde.

• Attention au commerce !

Deux pôles, Saint-Pétersbourg et Moscou, produisent des chiens de bonne qualité. Mais dans les régions un peu plus lointaines, deux types de reproduction cohabitent plus ou moins bien. De très bons éleveurs aux moyens élevés viennent faire saillir leur chienne en Europe. Ils s'opposent aux vendeurs de sous-qualité. Attention, les chiens de qualité restent dans le pays et les autres sont vendus notamment à l'Ouest. Des éleveurs non consciencieux, des marchands de chair, achètent ces animaux à des prix dérisoires et les revendent aux prix normaux. Ils partent du pays de production avec le label second choix. D'un point de vue éthique, on ne peut affirmer que tous les chiens des pays de l'Est sont mauvais, il faut seulement faire très attention aux importations. Dès qu'un chien devient à la mode, c'est ce qui peut lui arriver de pire. Alors, gardons-nous du pire.

> Le cocker américain en Suisse

Deux éleveurs, en Suisse romande, détiennent le monopole sur l'ensemble du territoire. C'est le pays qui exporte le plus, en pourcentage des naissances. La Suisse alémanique ne compte aucun éleveur. La qualité des chiens élevés en Suisse est reconnue internationalement. Pour preuve, les deux premières places au master de l'élevage canin français, en 1995, ont été remportées par deux éleveurs suisses, mais restons modestes…

Depuis 1998, l'éleveur principal a déménagé son élevage en France, à 10 km de la frontière genevoise et les cockers américains de la Vigie sont devenus Very Vigie au changement de siècle en continuant une célèbre lignée de champions.

Ces dernières années ont connu une diminution marquée du nombre de naissances, à la suite de l'interdiction de couper les queues (moins de 100 naissances/an).

En 2002, le nombre des naissances en Suisse était inférieur à 50 chiots.

Le standard du cocker américain

Le standard d'une race, fixé par le pays d'origine de la race, s'impose à tous les pays membres de la Fédération cynologique internationale.

Qu'est-ce qu'un standard ?

Le terme standard désigne le type, la norme, la référence. Il nous viendrait de Grande-Bretagne. En remontant un peu plus loin, on s'aperçoit qu'il vient du français « estandart », d'où « étendard ».

On considère généralement qu'un chien de race, dont la généalogie est parfaite depuis de nombreuses générations, ne peut avoir de rejetons absolument identiques à lui-même. La nature a prévu un nombre énorme de gènes, et la transmission héréditaire complexe peut en faire réapparaître certains après bien des générations, ainsi que des mutations. L'évolution de tous les êtres vivants est naturellement et heureusement incontrôlable, le standard est alors essentiel pour fixer les caractères d'une race. Chez les chiens inscrits au LOF, cette évolution est d'autant plus sensible que les animaux sont issus d'une même population. Avec cette très proche parenté, les cockers doivent se ressembler énormément. Une description du type est donc indispensable si on veut éviter les dérives.

Le standard concerne uniquement les chiens de pure race. Il est la définition des qualités caractéristiques (les défauts étant spécifiés dans les points de non-confirmation) que doit présenter un cocker américain pour être considéré comme un digne représentant de sa variété. Le standard est la description et l'énumération de l'ensemble des caractéristiques physiques du spécimen parfait.

Mais tout comme le maître idéal, le chien idéal n'existe pas. On emploie donc fréquemment dans le standard des expressions telles que « il faut que », le chien « doit »… Le standard peut subir des évolutions dans le temps.

Standard FCI n° 167/22.01.1999/F

Traduction : Pr R. Triquet.

Origine : États-Unis.

Date de publication du standard d'origine en vigueur : 17 mai 1993.

Utilisation : leveur de gibier, chien de compagnie.

Classification FCI : groupe 8 – section II – sans épreuve de travail.

Le texte officiel du standard

> Aspect général

Le cocker américain est le plus petit du groupe des chiens pour amateurs de chasse et de pêche. Le corps est robuste et compact. La tête, aux lignes pures, est finement ciselée. Le cocker américain doit présenter un ensemble parfaitement équilibré et une hauteur au garrot idéale. En station, il est bien relevé dans la région de l'épaule. Les membres antérieurs sont d'aplomb et la ligne de dessus descend légèrement vers l'arrière-main forte, musclée et modérément angulée. Le cocker est un chien

capable d'atteindre une vitesse considérable tout en ayant beaucoup d'endurance. Par-dessus tout, il doit être dégagé dans ses allures, gai, solide, bien équilibré dans toutes ses parties et montrer un vif intérêt pour le travail. Le chien harmonieux dans toutes ses parties est préférable au chien dont les qualités et les défauts forment un contraste frappant.

> Proportions importantes

La longueur du corps, de la pointe du sternum à la pointe de la fesse, est légèrement supérieure à la hauteur du garrot au sol. Le corps doit être d'une longueur suffisante pour permettre un mouvement dégagé, bien dans l'axe. Le chien ne donne jamais l'impression d'être long et bas sur pattes.

> Comportement/Caractère

D'un naturel égal et nullement craintif.

> Tête

Pour que la tête soit bien proportionnée, c'est-à-dire en harmonie avec le reste du corps, elle doit présenter un aspect intelligent, éveillé, doux et attachant.

• Région crânienne

Crâne

Arrondi, mais sans exagération ; aucune tendance à être plat. Les arcades sourcilières sont nettement dessinées. Les structures osseuses sous les yeux sont bien ciselées et les joues ne sont pas saillantes.

Stop

Prononcé.

• Région faciale

Truffe

De taille suffisante par rapport au museau et au chanfrein. Les narines sont bien développées, ce qui est typique chez un chien de chasse. La truffe est noire chez les cockers à robe noire, noir et feu et noir et blanc. Dans les autres couleurs de robe, la truffe peut être marron, foie ou noire, le plus foncé étant préférable. La couleur de la truffe s'harmonise avec celle du pourtour des yeux.

Museau
Large et haut. Pour que les proportions soient correctes, il faut que la distance du stop à l'extrémité de la truffe soit égale à la moitié de la distance du stop au sommet de la crête occipitale.

Lèvres
La lèvre supérieure a de la substance et descend suffisamment pour couvrir la mâchoire inférieure.

Mâchoires/dents
Les mâchoires sont carrées, d'égale longueur. Dents fortes et saines, pas trop petites. Articulé en ciseaux.

Joues
Elles ne sont pas saillantes.

Yeux
Le globe oculaire est rond et remplit bien l'orbite. Les yeux regardent droit devant. Ils sont légèrement en amande. Ils ne doivent être ni trop petits ni globuleux. L'iris est de couleur marron foncé ; plus il est foncé, mieux cela vaut.

Oreilles
Pavillon fin, long, en forme de lobe, bien garni de franges. L'oreille n'est pas attachée plus haut que le niveau de la partie inférieure de l'œil.

• Cou

Il est suffisamment long pour que le nez puisse facilement toucher le sol. Il est musclé et exempt de fanon. La sortie d'encolure est forte, puis le cou se galbe légèrement tout en s'amenuisant progressivement jusqu'à l'attache de la tête.

> Corps

• Ligne du dessus

Légèrement inclinée vers l'arrière-main musclée.

• Dos

Le dos est fort. La ligne du dessus descend doucement et de façon régulière du garrot à l'attache de la queue, qui est écourtée.

Ch. Nathalie B. de la Vigie.

• Poitrine

Elle est haute et descend au moins au niveau des coudes ; la région antérieure de la poitrine est suffisamment large pour loger le cœur et les poumons, mais pas au point de gêner le mouvement des membres antérieurs vers l'avant. Les côtes sont bien descendues et bien cintrées.

> Queue

La queue, écourtée, est attachée et portée en prolongement de la ligne du dos, ou légèrement plus haut. Elle n'est jamais dressée comme celle d'un terrier ou basse au point de dénoter la crainte. Quand le chien est en action, la queue frétille.

> Membres

• Membres antérieurs

Les antérieurs sont parallèles, droits, fortement charpentés, musclés et disposés contre le corps, bien sous les omoplates.

Épaules

Bien obliques, elles forment avec le bras un angle d'environ 90°, ce qui permet le libre jeu des antérieurs, que le chien porte en avant avec beaucoup d'extension. L'épaule est nettement dessinée et inclinée, sans faire de saillie. Elle est placée de telle sorte que l'extrémité supérieure du garrot offre une inclinaison qui permet aux côtes d'être bien cintrées.

Coudes

Vus de profil, les antérieurs étant verticaux, les coudes sont situés à l'aplomb du sommet des omoplates.

Métacarpes

Ils sont courts et forts. On peut faire l'ablation des « ergots » (pouces antérieurs).

• Membres postérieurs

Vus de derrière, les membres postérieurs sont parallèles, en action comme en station. Ils sont fortement charpentés et musclés.

Hanches

Les hanches sont larges, et l'arrière-train bien arrondi et musclé.

Cuisses

Les cuisses sont puissantes et nettement dessinées.

Grasset

Le grasset est modérément angulé. L'articulation du grasset est solide et, en action comme en station, ne doit présenter aucune laxité.

Jarrets

Les jarrets sont forts, bien descendus. On peut faire l'ablation des ergots.

> Pieds

Ils sont compacts, grands, ronds et fermes. Ils présentent des coussinets durs. Ils ne sont tournés ni en dedans ni en dehors.

> Robe

• Poil

Sur la tête, le poil est court et fin ; sur le corps, il est de longueur moyenne avec suffisamment de sous-poil pour en assurer la protection. Les oreilles, la poitrine, l'abdomen et les membres sont bien frangés, mais sans excès afin de ne pas cacher les vraies lignes et le mouvement du cocker, et de ne pas nuire à son aspect ou à sa fonction de chien de chasse au poil modérément fourni.

La texture est des plus importantes. Le poil est soyeux, plat ou légèrement ondulé ; sa texture facilite l'entretien. Le poil trop abondant ou bouclé ou cotonneux doit être sévèrement pénalisé. L'emploi de la tondeuse électrique sur le poil du dos n'est pas souhaitable. Le toilettage qui consiste à mettre en valeur les vraies lignes du chien doit être effectué de façon à sembler aussi naturel que possible.

• Couleur et marques

Noir : robe unicolore noire et également robe noire avec extrémités feu. Le noir doit être de jais. Les effets marron ou foie dans la robe ne sont pas souhaitables. On admettra un peu de blanc sur la poitrine et/ou à la gorge. Le blanc en toute autre région est éliminatoire.

Toute couleur unie autre que le noir (Ascob) : allant de la couleur crème la plus claire au rouge le plus sombre, y compris le marron et le marron avec extrémités feu. La couleur doit être d'un ton uniforme, mais on admettra des franges plus claires. On permettra un peu de blanc au poitrail et/ou à la gorge. Le blanc en toute autre région est éliminatoire.

Pluricolore : deux couleurs unies ou davantage, bien réparties, l'une d'entre elles devant être le blanc ; noir et blanc, rouge et blanc (le

rouge pouvant aller du crème le plus clair au rouge le plus foncé), marron et blanc, et rouan, y compris n'importe laquelle de ces combinaisons avec les extrémités feu.

Il est préférable que les marques feu soient localisées selon le même patron que chez les noirs et les Ascob. Les rouans sont classés avec les pluricolores et peuvent présenter n'importe lequel des patrons habituels du rouan. La couleur du fond de la robe couvrant 90 % ou plus de la robe est éliminatoire.

Marque de feu : la couleur feu peut aller du crème le plus clair au rouge le plus foncé et ne doit couvrir que 10 % au plus de la robe. Les taches feu couvrant plus de 10 % sont éliminatoires. Chez les noirs et les Ascob qui portent des marques feu, celles-ci seront localisées selon le schéma suivant :

– petite tache arrondie, nette, au-dessus de chaque œil ;

– marque sur les côtés du museau et sur les joues ;

– sur la partie inférieure des oreilles ;

– sur les quatre pieds et/ou les quatre membres ;

– sous la queue ;

– sur le poitrail (facultatif : présence ou absence non pénalisée).

Les marques feu qui ne sont pas nettement visibles ou qui se résument à des traces sont pénalisées. Les marques feu sur le museau qui s'étendent vers le haut, sur le dessus et qui se joignent sont également pénalisées. Chez les sujets qui portent des marques feu dans les variétés noir et Ascob, l'absence de marque feu dans l'une quelconque des localisations spécifiées est éliminatoire.

> Allure

Le cocker américain, bien qu'étant le plus petit du groupe des chiens pour amateurs de chasse et de pêche, a l'allure typique d'un chien de chasse. L'équilibre entre l'avant-main et l'arrière-main est la condition indispensable à une bonne allure.

Le chien donne l'impulsion grâce à son arrière-main vigoureuse et puissante ; la construction correcte de ses épaules et de ses membres antérieurs fait qu'il peut développer le membre vers l'avant sans aucune contrainte, en une enjambée ample pour répondre à l'impulsion de l'arrière.

Avant tout, ses allures sont coordonnées, régulières et faciles. Le chien, dans son action, doit couvrir le terrain, et il ne faut pas confondre le chien remuant et le chien aux allures correctes.

> Taille

La hauteur idéale au garrot chez le mâle adulte est de 38,10 cm et chez la femelle adulte de 35,56 cm.

La taille peut varier de 1,27 cm en plus ou en moins. Le mâle dont la hauteur au garrot excède 39,37 cm et la femelle dont la hauteur excède 36,83 cm seront éliminés. Les mâles dont la hauteur au garrot n'atteint pas 36,83 cm, et les femelles dont la taille n'atteint pas 34,29 cm seront pénalisés. La taille est déterminée par la perpendiculaire au sol menée du sommet de l'omoplate, le chien se tenant debout naturellement, les membres antérieurs et les canons métatarsiens étant verticaux.

> Défauts

Tout écart par rapport à ce qui précède sera considéré comme un défaut qui sera pénalisé en fonction de sa gravité.

L'origine du standard

Tous les standards sont la propriété du pays d'origine de la race. Le standard du cocker américain appartient aux États-Unis. Une seule instance est apte à modifier un standard : le club de la race du pays d'origine de la race.

Défauts éliminatoires

Taille : mâles de plus de 39,37 cm. Femelles de plus de 36,83 cm.

Couleur et marques : les couleurs mentionnées plus haut sont les seules couleurs ou combinaisons de couleurs admises. Toute autre couleur ou combinaison de couleurs est éliminatoire.

Chez les noirs : marques blanches ailleurs que sur le poitrail et la gorge.

Toute couleur unie autre que le noir : marques blanches ailleurs que sur le poitrail et la gorge.

Pluricolores : couleur du fond de la robe couvrant 90 % ou plus de l'ensemble.

Marque de feu :

– marques feu couvrant plus de 10 % de la robe ;

– absence de marques feu chez les noirs ou la variété Ascob dans l'une quelconque des localisations spécifiées chez les chiens par ailleurs marqués de feu (marque fauve).

N.B. : les mâles doivent avoir deux testicules d'apparence normale, complètement descendus dans le scrotum.

La Grande-Bretagne détient le standard du springer spaniel, du cocker anglais, du welsh springer. L'Irlande détient le standard de l'irish spaniel water. Par ailleurs, le Spaniel Club américain possède le standard du dernier-né de la famille spaniel, l'american water spaniel, membre du 9e groupe. Cette variété de spaniel, bien que présente en Allemagne, est encore totalement absente en France.

La détention du standard par le pays d'origine de la race peut poser problème quand le pays d'origine n'est pas membre de la FCI ou ne répond pas à son courrier. Ce manque de contact avec les institutions représentatives des passionnés de canidés limite la réflexion, la prise de décision, lors de modifications notables de la race par les éleveurs. Toutes les races ont subi une évolution due à l'action d'éleveurs, et aux hasards de la génétique. La FCI a pour rôle de suivre cette évolution afin de la contrôler.

Commentaires du standard

Chez certaines races, les standards sont relativement peu précis et laissent libre cours à une interprétation personnelle. Il ne faut certes pas tomber dans trop de détails, mais il est quand même indispensable d'avoir une certaine ligne de conduite. Le standard du cocker américain est bien fait, car il est compréhensible et précis. Il faut étudier les points du corps séparément. C'est le document de référence pour un éleveur ou toute personne qui s'intéresse à la race.

Il est plus facile d'élever une race très ancienne car elle est génétiquement fixée, alors que des races modernes (le cocker américain a tout juste 50 ans) peuvent encore nous offrir quelques surprises.

> Aspect général

• Des lignes pures

Le cocker américain est un chien aux lignes très pures. Si une partie de sa morphologie est mauvaise, les lignes générales en sont coupées. Toutes les descriptions de cet aspect général doivent former un tout, pour élaborer un chien bien typé. Chaque partie doit s'imbriquer l'une dans l'autre pour donner cet aspect de petit chien sportif avec une belle encolure, une tête bien ciselée, un corps court et compact. Un cocker américain dont l'aspect général ne correspond pas à cette star, par exemple avec une encolure trop courte ou des pattes trop courtes, présente un déséquilibre visuel nuisible à l'esthétique générale.

• Le bassétisme

Les chiens atteints de bassétisme sont légion chez le cocker américain. Ce phénomène est non seulement considéré comme une faute grave lors d'expositions, mais il est mauvais pour la ligne extérieure, pour la démarche. Un chien aux pattes courtes ne peut pas avoir une foulée aussi importante qu'un chien aux pattes normalement développées. La conséquence en sera un chien dysharmonieux. À noter encore qu'un chien à l'encolure courte aura la tête dans les épaules.

• Un chien sportif

Malgré son image casanière, le cocker américain est un chien sportif. Le cocker américain reste le plus petit du groupe des chiens des amateurs de chasse et de pêche. Il n'est pas soumis à une épreuve de travail pour l'homologation de son titre de champion, car son caractère hors du commun en a fait un chien de compagnie fort apprécié. Mais il est encore possible de passer d'agréables moments, en campagne, à regarder son cocker américain fureter, marquer un temps d'arrêt, faire semblant de chasser.

• Beauté et travail

Le seul problème est d'ordre esthétique. Il faut couper un peu les poils pour que le chien ne reste pas bloqué dans les fourrés. Le cocker,

Ch. Nathalie B. de la Vigie et ch. Never Say Never de la Vigie.

dans sa tête et dans son corps, sera, espérons-le, éternellement utilisable pour travailler en broussailles et en forêt. La chasse n'est pas antinomique avec les expositions. Ainsi, un éleveur suédois a réussi à créer un champion parfait de beauté et de travail (contrairement à la France, les cockers américains peuvent concourir en classe travail en Suède). Comme champion de beauté, le chien avait un poil superbe. Après avoir changé d'optique, l'éleveur a coupé un peu le poil pour faire un champion de travail. Finalement, le poil repoussé, le chien est redevenu un chien d'exposition. Couper ou ne pas couper le poil n'est pas un geste primordial et vital pour le cocker américain.

• L'importance de la silhouette

Dans l'aspect général, nous nous devons d'insister sur le fait que le cocker américain est une silhouette. La première chose qu'un juge voit en entrant dans le ring, c'est la silhouette. L'allure magistrale du cocker dépendra du respect de l'éleveur de l'ensemble des critères du standard.

> La taille/Proportions/Substance

Le standard a été modifié entre les années 1980 et 1995. Des disproportions de taille ont amené le club de la race à spécifier les sanctions. Le dernier standard stipule que le mâle dont la hauteur au garrot excède 39,37 cm et la femelle dont la hauteur excède 36,83 cm seront éliminés. Les excès de taille ne sont donc plus, actuellement, seulement pénalisés mais entraînent une élimination du chien, une non-confirmation, une mise hors compétition.

• Le gigantisme et le nanisme

Quelques éleveurs ont voulu assouvir le désir du public de posséder des petites poupées, d'où la production de petits cockers. Il faut faire très attention au gigantisme et au nanisme. Quand un chien n'a pas la taille normale, il ne faut pas le faire reproduire, notamment quand il est issu de grands ou petits chiens. Le cocker américain est un petit spaniel. Il ne doit en aucune manière être plus grand que le cocker anglais. Et quand le standard indique « petit spaniel », il ne faut pas traduire « cocker nain ». Certains journaux se font l'écho de publicités mensongères en annonçant « cocker américain à vendre : cocker nain ». C'est une aberration. Si un cocker américain devient nain, il n'est ni harmonieux ni élégant. C'est un animal bas sur pattes avec une encolure courte, et généralement un chanfrein court et un crâne large.

• Le respect des proportions

À une certaine époque, prétendument pour améliorer cette silhouette très harmonieuse, on a voulu créer un chien de taille correcte, avec un corps le plus court possible. C'est très beau, mais on s'est rendu compte qu'automatiquement, au fil des générations, une exagération s'était produite.

Chez l'américain, il est important que la ligne de dos soit légèrement descendante. Le chien doit marcher à longues foulées. Un chien à la ligne de dos trop courte, comme on le voulait il y a quelques années, 15 % plus court que haut, reste dans la norme. Mais s'il passe à 20 %, les générations perpétuant cette caractéristique, nous n'arriverons plus à conserver l'aspect général d'un chien équilibré. S'il est beaucoup plus court que haut, il perd cet équilibre. Un dos trop court ne lui permet plus de marcher à longues foulées. L'idéal est un chien un petit peu plus court que haut pour arriver à la bonne démarche. Si la démarche se modifie, l'aspect général et le juge en seront bouleversés.

> La tête

La tête fait le charme du cocker américain. C'est une partie très vivante. Sans forcer les traits, elle doit s'inscrire dans des lignes très fines, avec une expression très douce pour être très belle. Beaucoup de cockers américains ont un crâne trop large, ce qui change tant l'allure que l'expression du chien.

Un chien au museau exagérément pointu aura des lèvres pas assez descendantes. Il sera alors quelque peu disgracieux, tout comme un chien au crâne plat. Ce n'est pas évident d'élever des chiens avec de belles têtes, mais on doit respecter le standard. Un museau trop étroit avec une tête pointue, un crâne trop large seront aussi disgracieux. Les têtes en forme de pomme et les têtes trop en hauteur sont à éviter.

Les différents types de museau

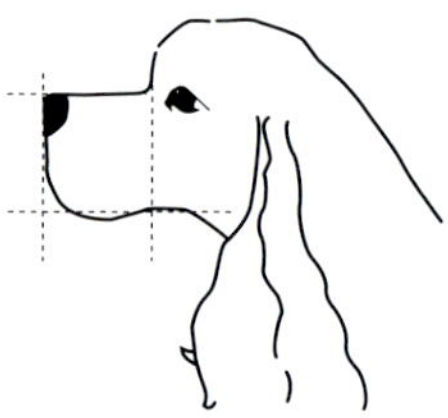

Museau en harmonie avec le reste de la tête

Museau trop long

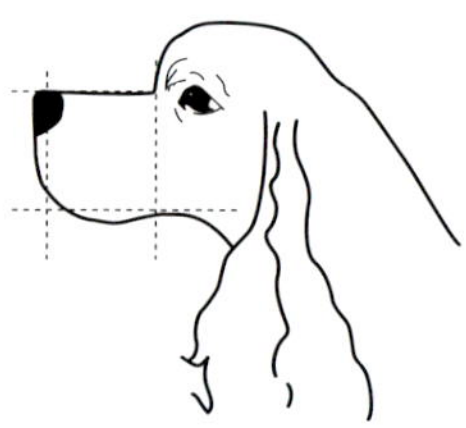

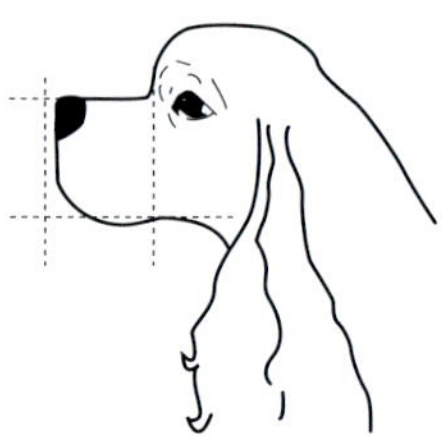

Museau trop court

Museau trop profond

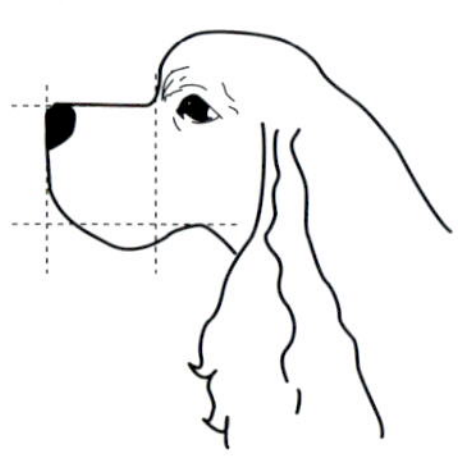

• Les aléas de la génétique

Le standard est fixé pour le cocker américain depuis seulement un demi-siècle, ce qui est récent. Le fait est que, même avec des parents champions, un animal au type hors du commun peut naître. La race est fixée, mais la génétique reste imprévisible. Un chiot peut voir le jour avec une tête hors norme, alors que ses frères seront superbes. Il faut dans ce cas lui trouver une bonne famille et l'oublier pour l'élevage.

• Les dents

Évitez d'acheter un chien aux dents petites et espacées. Il faut toujours revenir à l'idée d'aspect général et au standard.

Un cocker américain avec de toutes petites dents en tête d'aiguille, comme un york ou un shih-tzu, ne pourrait jamais rapporter un oiseau. L'implantation des dents et leur grosseur sont essentielles à la beauté du cocker. Produire et faire reproduire un chien aux dents trop petites est pénalisé. Elles doivent être fortes et solides.

On remarque parfois des manques de dents chez l'américain, mais un bon élevage et un bon éleveur doivent y remédier. Les manques de prémolaires sont souvent dus à des chanfreins trop courts. Certaines personnes aiment l'exagération, mais si quelqu'un veut un chien au museau court, il faut lui conseiller d'acheter un king charles. Un cocker américain avec une tête mal proportionnée n'aura plus assez de place pour les dents. Rappelons-nous que les manques de dents sont dus fréquemment à des exagérations voulues par l'éleveur.

Un critère important
Certaines lignées portent des gènes de prognathisme supérieur ou inférieur, ne les faites pas reproduire.

Beaucoup de cockers américains ont des dents en pince. Ce n'est pas désiré mais non éliminatoire lors d'expositions. Ce n'est pas non plus une cause de non-confirmation. En comparant deux chiens de qualité égale dans le ring, les juges favoriseront toujours le chien à la dentition correcte. À qualité non égale, le juge considérera favorablement celui qui lui plaît le plus, même s'il a une dentition en pince. La qualité de la dentition est donc un critère à prendre en considération si l'on veut élever des champions.

• Les babines

Certains chiens n'ont pas assez de lèvres. Cette absence de lèvres leur donne un museau pointu.

• Les yeux

Ils doivent être ronds sans pour autant avoir la forme d'une bille, plus ronds que pour le cocker anglais. Évitez les paupières tombantes. Ils seront aussi légèrement en amande. L'expression fait acte d'intelligence. La couleur des yeux est essentielle. Sur un chien à robe noire, les yeux caramel sont atypiques. Pour les chiens chocolat, on peut accepter des yeux en relation avec la couleur de la robe, mais généralement ils doivent au minimum être marron foncé. Les yeux foncés d'un chien platine donnent l'âme, l'expression, la vivacité et l'intelligence du cocker américain. Des yeux clairs sont un motif de non-confirmation.

• Les oreilles

Selon les couleurs, des différences d'implantation d'oreilles peuvent apparaître. Chez certains blonds, on trouve des oreilles implantées un peu haut avec une attache un peu large. Un pavillon très fin, attaché très bas pour une parfaite allure générale, fait la classe du cocker américain. Évitez les oreilles attachées au niveau des épaules. Les oreilles attachées sur une ligne perpendiculaire aux yeux sont idéales.

> L'encolure

Dans la partie avant du chien, l'encolure et les épaules font le style du cocker américain. Une encolure trop courte sera toujours inélégante. De mauvaises épaules casseront la démarche. Un chien aux bonnes épaules marchera bien, donnera cette foulée spectaculaire et un bon port de tête. Une épaule trop droite ou trop serrée va donner une encolure portée trop en perpendiculaire et un mauvais port de tête.

> Le dos

Un dos mou et long est considéré comme une faute. Une ligne de dos légèrement descendante et très solide fera la beauté de la démarche du cocker américain. Un cocker américain, s'il est réellement conforme au standard avec ce petit dos bien solide et stable, donnera au néophyte qui le regarde marcher une image extérieure harmonieuse.

> La poitrine

Chez les pluricolores, on peut trouver des lignées dont la poitrine n'est pas assez éclatée. Certains éleveurs parviennent à camoufler ce défaut avec le poil, mais, comme le chapitre aspect général du standard le stipule, le cocker américain est un chien compact et solide. Lorsqu'on touche un cocker américain, on doit avoir quelque chose dans la main, pas un squelette. C'est le signe d'une future dégénérescence. Cet aspect physique ne donne pas une idée de vitalité et de dynamisme. Grâce à un élevage suivi, on peut améliorer ce type d'imperfection. Ces poitrines non éclatées vont généralement de pair avec une ossature très légère.

> La queue

La queue est un problème d'actualité ! L'Allemagne, les Pays-Bas, les pays scandinaves et la Suisse interdisent la coupe de la queue. Les standards seront nécessairement remodifiés dans peu de temps, car nous allons probablement adopter cette interdiction de couper la queue.

Il est essentiel que le standard indique comment doit être portée la queue coupée. Quand la queue ne sera plus coupée, il sera plus difficile de juger le chien si celle-ci présente un défaut. La queue sera alors soit portée comme un terrier (ce qui est un grave défaut), soit ira jusqu'à faire un anneau. Il est donc primordial de bien élever en lisant et respectant le standard. Un chien heureux aura toujours une queue portée plus haut qu'un chien timide. L'implantation de la queue a aussi son importance.

Si vous avez à choisir entre deux cockers américains, observez la façon dont le chien frétille. Il faut toujours favoriser le chien au bon port de queue mais gai au chien à la queue frétillante qui porte une queue basse.

> Les membres antérieurs

Un chien aux mauvaises épaules aura une allure générale moins harmonieuse. Si l'on pose ses mains sur le dessus de son chien, l'ossature doit être douce au toucher, aucun os ne doit chevaucher un autre. Dans l'idéal, l'épaule du cocker est nettement inclinée et dessinée sans faire de saillie. Une bonne épaule fait une bonne démarche.

• L'incidence sur la démarche

Des chiens aux épaules trop droites sont fréquemment présentés à des expositions. Un tel défaut morphologique les amène à marcher comme des soldats du Vatican et non comme une princesse égyptienne. Le chien aux épaules trop ouvertes va « stepper ». Il doit marcher avec une foulée et avoir le membre (postérieur) qui passe par-dessus (le membre antérieur) et va chercher le terrain. Les épaules ont un impact sur la façon d'utiliser les membres postérieurs. Si le chien fait de petits pas avec les pattes avant, il n'aura pas une démarche normale.

Les points de non-confirmation

Type général

– manque de type ;

– taille en dehors des limites du standard (mâle 37 à 39,5 cm - femelle 34,5 à 37 cm).

Points particuliers dans le type

– signes caractérisés de malformation osseuse ;

– conjonctivite trop apparente.

Robe

– couleur et marques non conformes au standard ;

– fourrure pauvre, laineuse ou bouclée ;

– œil clair ou vairon ;

– nez ou lèvres ladres.

Anomalies

– prognathisme inférieur ou supérieur ;

– déformations congénitales ;

– entropion, ectropion ;

– monorchidie, cryptorchidie.

Caractère

– agressivité.

> Les membres postérieurs

Un américain doit être angulé, sans l'être exagérément, car il perdrait ainsi la démarche souhaitée. Les rotules sont solides. S'il y a une surcharge pondérale, des problèmes de rotules peuvent apparaître.

> La robe

Tous les éleveurs doivent faire attention à la qualité du poil. Soyez très difficile avec les chiens aux poils cotonneux, frisés. Ils doivent être éliminés de l'élevage, car ils seront trop difficiles à entretenir pour un particulier. Les nœuds se multiplient, la robe prend du volume et donne une impression de faux beau chien.

La période durant laquelle certains éleveurs ont produit ces robes atypiques du cocker américain est révolue. Personne ne veut de cocker américain au poil traînant par terre comme une balayette. La qualité de la robe est primordiale. Les amoureux du cocker doivent rester vigilants pour garder un chien au poil agréable au toucher et soyeux, qui tombe bien.

• Couleur et marques

Noir

Les effets marron ou foie sur la robe noire ne sont pas souhaitables. Entre 6 et 9 mois, le chien perd son poil de bébé. Ne vous affolez pas. Il est tout à fait normal que le chiot ou le chien adolescent ait des reflets marron sur la robe.

Ascob

Dans la définition des Ascob *(Any Solid Color Other Than Black)*, la couleur sable n'est plus acceptée par le Spaniel Club américain. À une certaine époque, à la suite d'exagérations, on pouvait trouver sur le marché une couleur exotique sable. Les autres pays doivent donc suivre le détenteur du standard en interdisant le développement de cette teinte.

Pluricolore

Les taches feu chez les noirs et les tricolores seront placées dans des endroits spécifiques : sur les sourcils, sur les joues, à l'intérieur des oreilles, sur les quatre pattes, sous la queue et sur la poitrine. Si un noir et feu n'a pas ces taches, ou en a ailleurs, c'est un motif de non-confirmation.

Le *pencilling*

Il existe toute une lignée de noir et feu à la robe de couleur assez foncée, où des taches existent mais sont tellement mélangées avec le noir qu'il faudrait un œil de lynx pour les remarquer *(pencilling)*. Ces chiens ont en général beaucoup de type, il ne faut donc pas les éliminer systématiquement de l'élevage.

> L'allure

Le cocker est un chien très fier, avec un superbe port de tête et une démarche originale. Ce comportement permet à la race de gagner fréquemment des coupes. Dès qu'un élément cité précédemment sort de la norme, le résultat est moins spectaculaire. Un chien doté d'une mauvaise allure aura un aspect général très dégradé.

> Le caractère

Le caractère est aussi primordial pour le cocker américain que l'allure générale. Le cocker américain est un charmeur. Il doit être bien dans sa peau, agréable à vivre, aimer les gens et les autres chiens. Il a un caractère en or. Un chien peureux, agressif, ne correspond pas au standard de la race. On remarque que, dans le monde canin, tous les standards ne parlent pas du caractère.

Il est ici défini, et un chien dont le caractère ne correspond pas au standard doit absolument être pénalisé. Les amateurs choisiront un cocker américain pour son caractère, et nous nous devons de ne pas décevoir les amoureux de la race.

Défauts éliminatoires

Comme nous l'avons déjà souligné, il faut éviter d'élever des chiens trop grands ou trop petits. La taille maximale (mais pas la taille minimale) est éliminatoire. En France on peut, malgré tout, trouver des motifs de non-confirmation pour des tailles minimales.

Les couleurs sont définies par le standard et doivent être respectées. On peut inventer des couleurs, mais ce sera certainement au détriment du type.

Le cocker américain a l'avantage, sur beaucoup d'autres chiens, de disposer d'une palette de couleurs importante. Alors pourquoi en créer de nouvelles quand des coloris fantastiques existent déjà dans une quinzaine de tons différents ? À souligner qu'il est plus dangereux d'avoir des marques feu envahissantes que des marques feu discrètes. La tendance est actuellement à ne plus produire de chiens avec des marques en faisant un clown masqué.

Enfin, si l'on compare le dernier standard aux précédents, l'information essentielle à retenir est que l'on ne cherche plus à avoir des chiens les plus courts possible, mais raisonnablement et harmonieusement équilibrés.

Le caractère du cocker américain

Une grande partie de la popularité du cocker américain est due à son caractère. Son aspect physique est très attirant au premier coup d'œil, mais son merveilleux caractère reste son atout majeur.

À l'aise partout

C'est le compagnon idéal pour les personnes qui mènent une vie irrégulière, qui voyagent beaucoup. Lors des déplacements, le chien découvrira très vite son petit monde, posera ses repères. Il se lève et se couche toujours de bonne humeur. C'est un merveilleux compagnon pour les enfants, mais aussi pour les adultes. Il prendra beaucoup de place dans votre vie mais vous le rendra bien. Il est certain qu'il n'est pas fait pour tout le monde, car il demande beaucoup d'entretien, notamment pour sa fourrure.

Un petit clown

Si l'on veut réellement acquérir un cocker américain, on ne résistera pas au caractère de ce petit clown qui veut sans arrêt nous faire sourire.

Pour les maîtres qui veulent un chien obéissant au doigt et à l'œil, il ne sera pas le chien idéal. Il faudra au début de son éducation lui expliquer, deux ou trois fois, exactement ce que l'on attend de lui. C'est un chien doté d'une intelligence et d'une personnalité certaines, et il essaiera souvent de trouver une échappatoire (il ne veut pas toujours faire exactement ce que son maître veut, cela fait partie de sa personnalité).

Un compagnon sur mesure

Si vous recherchez un chien de compagnie ou d'exposition, un chien d'un entretien facile et relativement économique, orientez plutôt vos recherches vers un teckel ou un dalmatien, selon vos préférences pour la taille.

Si vous recherchez un compagnon qui ne tient pas à savoir tout de votre emploi du temps et qui aime passer un moment de la journée seul, choisissez un lévrier. Il est indépendant et apprécie de pouvoir gérer sa propre vie.

Si vous cherchez un compagnon facile à éduquer, obéissant, doté d'une excellente mémoire, choisissez alors le golden retriever ou, dans le format plus petit, le welsh-corgi.

Cependant, si vous recherchez un compagnon qui vous rendra votre affection au quintuple et si vous êtes prêt à vous investir dans une longue et passionnante relation, le cocker américain est alors un excellent choix.

> Le seul « souci » : l'entretien

On peut avoir envie d'un tel compagnon et être arrêté par l'importance de la fourrure. Ne vous inquiétez pas, le cocker américain n'est pas seulement une bête d'exposition. Comme nous l'avons déjà vu, on peut aussi lui raccourcir le poil. C'est avant tout un caractère, mais quelle que soit la longueur de son poil, il y aura toujours un minimum d'entretien.

Multichampion Very Vigie Raspoutine.

Le caractère de la race

> La vie de famille

Le cocker américain est heureux de vivre en famille. Si la présence d'enfants n'est pas obligatoire, il a besoin de vivre une vie de tous les jours avec quelqu'un à qui faire plaisir. Son intelligence relativement poussée arrive à déclencher un phénomène assez particulier : on se presse de rentrer à la maison car on sait qu'il nous attend.

C'est un chien assez quémandeur, il exige beaucoup de son maître. Il aime la tendresse, l'affection et les balades. Le cocker américain est très inattendu, le cocker anglais plus boudeur. Si on lui donne des ordres qui ne lui plaisent pas, il partira dans sa corbeille pour ronchonner un petit moment, alors que le cocker américain essaiera de trouver la faille pour séduire.

> Ses repères

C'est un chien qui n'est pas caractériel, mais qui a du caractère. Tous les êtres vivants, s'ils ont la faculté d'aimer quelque chose ou d'aimer quelqu'un, ont une légère tendance à être jaloux. Le cocker américain ne fait pas exception. C'est le chien d'une famille, ce n'est pas un chien exclusif, mais il lui arrive de l'être. Le maître est important. Dans une famille, une certaine répartition des tâches et fonctions s'effectue. Le cocker américain a toujours sa personne préférée.

> Le cocker des villes

Le cocker américain est issu d'une lignée de chiens de chasse. Il a besoin de sortir et ne peut pas vivre tout le temps en vase clos. Mais ce n'est pas un chien qui se démène après le gibier. C'est le membre de la famille spaniel le mieux acclimaté à l'univers urbain. Il est difficile de faire vivre un springer en pleine ville, à plein temps, au sommet d'une tour. Un cocker américain n'a pas de problèmes d'acclimatation. C'est le cocker des villes. La race a été créée aux États-Unis pour la vie en grande cité. Les springers aiment sortir, se balader durant des heures. Il en va de même pour le cocker américain dans une moindre mesure. Il est espiègle, a toujours envie de jouer. Il s'habitue très bien à la vie en appartement.

Ses relations avec les autres animaux

Le cocker américain est un chien d'une grande gentillesse, même s'il possède un côté un peu exclusif. Si un autre chien vient rendre visite à ses maîtres, il peut se comporter comme le seigneur des lieux : « Je suis chez moi, tiens-toi à carreau. » Mais généralement, il aimera les autres chiens. En appliquant un minimum de

psychologie canine, on peut obtenir que son cocker s'entende avec tous les animaux à quatre pattes.

Un chien bien éduqué

Responsable, il peut très bien garder une propriété en aboyant dès qu'un étranger se présente. Sans être un chien de garde, il peut avertir mais ne saute sur personne. Sa devise est « courageux soit, mais jamais téméraire ». Les pluricolores ont notamment une tendance à être très éloquents. L'éducation de tout cocker américain n'est pas seulement conseillée, elle est obligatoire. Un chien mal éduqué est malheureux.

Mâle ou femelle

Il n'y a pas de caractère de chien ou de chienne. On ne peut donner de définition par sexe. Il y a un caractère de l'individu cocker. Le mâle a peut-être un côté plus aventurier, mais on ne peut pas généraliser. C'est un chien très bien dans sa peau. Lorsque vous vous réveillez le matin, vous souriez devant cette petite bouille qui « se marre » en vous observant. Les cockers font mille et une bêtises. Leur façon de gérer leur vie est réellement intéressante.

La bohème

Ses origines font que lors d'une promenade à côté d'un lac, il aura une légère tendance à entraîner son maître vers un bain matinal. C'est un chien d'eau, ne luttez pas contre cet instinct. C'est un chien sophistiqué qui a des côtés très sportifs. On peut même aller jusqu'à le considérer comme un chien de bohème. Il aime cette vie. Il préfère partir à l'aventure que de suivre le rythme métro-boulot-dodo. Il s'habitue très bien à la vie qu'on lui propose mais il a besoin d'affection. Il lui faut un but. S'il sait que son maître arrive à trois heures du matin, il attendra avec une certaine impatience le moment béni où il pourra lui faire la fête.

Le maître idéal

Le maître idéal est un profiteur de la vie. Ce n'est pas un éducateur strict. Il ne désire aucunement un chien obéissant au doigt et à l'œil. Il y a d'autres races pour cela. Le maître idéal aime la gentillesse. Un chien espiègle et original lui apporte beaucoup de plaisir.

Il aime avoir une pointe d'originalité, le cocker n'étant pas un chien que l'on voit souvent dans la rue. Quand un cocker américain marche, tout le monde se retourne sur son passage, le maître n'en est pas peu fier. Le cocker américain sait très bien qu'il a un physique avantageux et qu'il peut en tirer profit.

Bien vivre avec son cocker américain

L'éducation du cocker américain

D'un caractère facile et parfaitement équilibré, le cocker américain est un compagnon intelligent. Son caractère en or facilitera son éducation et vous évitera de le gronder trop souvent. Mais sachez vous montrer ferme quand il le faut.

Le choix du chiot

Pour bien choisir son chiot, il faut l'acheter chez une personne sérieuse. Attention : il y a de bons et de mauvais éleveurs.

> Où trouver des adresses ?

Contactez le club de la race ou la Société centrale canine. Le club de la race vous indiquera les coordonnées de bons éleveurs et pourra vous informer sur les caractéristiques spécifiques de la race. La SCC vous enverra la liste des portées de cockers américains recensées dans votre région, sans tenir compte de la qualité des chiots. La liste de la SCC spécifie la cotation des parents, de 1 à 6 points. Les chiens vivant à l'étranger auront une cotation 0. Plus les géniteurs sont primés en exposition, plus ils sont cotés.

> Un chiot LOF

N'achetez jamais un chien non inscrit au LOF ou ne provenant pas d'un pays membre de la FCI, sous prétexte de le payer moins cher. Si vous disposez d'un budget limité, il est préférable d'acheter un chiot avec un défaut, mais inscrit dans un livre d'origine reconnu.

> Le choix de l'élevage

Si vous n'avez pas eu la chance de croiser dans la rue une petite diva dont le propriétaire est totalement satisfait et peut vous orienter vers son éleveur, il est préférable de visiter plusieurs élevages pour choisir votre chiot. Sélectionnez deux ou trois éleveurs, visitez les élevages, allez voir les chiots, demandez à voir les parents. Prenez votre temps ! La mère doit être visible. Ce n'est pas toujours le cas du père, car il peut être éloigné géographiquement. Surtout ne faites pas de sentimentalisme. Ne choisissez pas le premier chiot que vous voyez en disant « le pauvre malheureux, je veux le prendre ». Le chiot deviendra un compagnon qui partagera environ quinze années de votre vie, alors prenez le temps de le choisir, même si vous devez effectuer un déplacement géographique important.

> L'acte d'achat

Partez à la recherche du cœur idéal sans emporter d'argent avec vous et sans idée préconçue. Ne cherchez pas systématiquement les chiots les moins chers. Si certains cockers américains sont vendus à bas prix, ce n'est certainement pas par philanthropie de la part de l'éleveur, mais tout simplement parce qu'ils ne valent pas plus. Demandez à voir comment le chiot a été élevé, dans quelles conditions s'est effectué son développement physique et intellectuel, vérifiez sa santé, ses yeux, assurez-vous du sérieux de l'éleveur.

> Attention aux « marchands de chiens »

Il y a de bons éleveurs, mais aussi des marchands de chiens. Au moindre doute, si vous n'observez aucun contact entre l'éleveur et ses chiens, allez ailleurs. Évitez l'élevage en batterie. Quelle que soit sa race, un chiot a besoin d'un milieu protégé pour être sain de corps et d'esprit. Un chiot s'achète de préférence chez un éleveur ou chez un particulier. Si vous avez une âme d'assistant social, adoptez plutôt un chien malheureux de la SPA.

> Achat de cœur ou de raison

Achetez un chiot cocker américain parce que vous avez été conquis. L'admiration doit être réciproque mais, à quelques mois, tous les chiots font la fête au premier homme qui passe à leur portée. Le fait d'élever des chiots engendre des frais si l'on veut que les parents et le chiot soient bien nourris, soignés, vermifugés et vaccinés. Un conseil, montrez le chiot que vous voulez acheter à votre vétérinaire. Un éleveur sérieux n'y fera aucune objection (dans le cas contraire, changez d'éleveur). Mettez toutes les chances de votre côté. L'âge d'adoption idéal d'un chiot est de 12 à 16 semaines. Méfiez-vous des éleveurs qui vendent leurs chiots trop tôt. Séparés de leur mère, ils ne sont pas prêts à affronter la vie. Le chiot doit être toiletté quand il quitte l'élevage. Informez-vous des techniques, des méthodes et des outils employés par l'éleveur. Le chiot doit garder ses repères chez vous.

Le cocker et l'enfant

Le cocker est l'ami des enfants, même s'ils lui tirent l'oreille. Il les supporte assez bien et c'est un merveilleux compagnon de jeu.

> Une responsabilité d'adulte

Partons du principe qu'un enfant ne peut pas être responsable d'un chien. Il est donc déconseillé de laisser l'entière responsabilité d'un chien à un enfant de moins de 10 ans. Il faut quelquefois aller contre la volonté de parents désireux d'offrir un cocker à leur enfant. Celui-ci ne pourra assumer cette charge. Les parents devront suppléer l'enfant.

> Plaisir et contraintes

Un chien accueilli dans une famille procure beaucoup de plaisir, mais donne beaucoup de travail. Il ne faut pas céder au caprice d'un enfant qui vous demande un chien, car entre ses devoirs, ses déplacements, ses copains, il ne pourra s'occuper de son ami à quatre pattes, même s'il veut y mettre beaucoup de bonne volonté. Un cocker est dépendant de l'être humain. Il a besoin qu'on le sorte, qu'on le nourrisse et qu'on le brosse. C'est à la limite un travail d'adolescent, en aucun cas celui d'un enfant.

> Avant la naissance d'un enfant

L'achat d'un cocker peut s'effectuer avant ou après la naissance d'un enfant. Si le chien est arrivé avant l'enfant, il faut expliquer au chien l'arrivée de ce nouveau membre de la famille qui, pendant un temps, marchera comme lui, à quatre pattes. Le chien, avec force persuasion, comprendra qu'un changement va survenir et l'acceptera.

Certains parents, inquiets à l'idée d'avoir un enfant, commencent, bien avant la naissance, à reléguer le chien au second plan en objectant le danger des poils, des maladies, du manque d'hygiène… Dans ce cas, le chien est malheureux. Lorsqu'un chien qui détenait une place privilégiée dans une famille se voit relégué en arrière-plan à l'arrivée d'une personne étrangère, il en souffre énormément. Mais dans la majorité des cas, tout se passe merveilleusement bien.

> Après la naissance d'un enfant

Attendez que l'enfant soit assez grand pour adopter un chien. Les enfants sont très durs, sans être conscients des répercussions psychologiques de leurs actes. Gare aux yeux du chiot, à ses oreilles. Il est préférable d'avoir le chien avant la naissance du bébé, ou de l'acheter

quand l'enfant a au moins 4 ans. Il est alors plus facile de lui expliquer les limites du jeu. Les doigts dans les yeux ne sont pas les bienvenus, couper ou brûler la robe du chien n'a rien d'amusant pour la pauvre bête. L'apprentissage de la prise de responsabilité de l'enfant par rapport à son animal favori doit s'effectuer dans les meilleures conditions possibles, aussi nécessite-t-il du temps, de l'amour et de l'espace…

L'éducation du chiot

Toute éducation doit être précédée d'une phase de compréhension mutuelle.

> Son mode de fonctionnement

Il s'agit pour le nouveau maître de s'imprégner du mode de fonctionnement du chiot, inné et fonction de la race, mais surtout acquis par l'éducation préalablement donnée chez l'éleveur ou le premier propriétaire. Il ne faut jamais interpréter une attitude animale à travers les filtres propres au comportement humain. Il ne faut pas fausser les rapports avec son compagnon à quatre pattes. À force d'interpréter les réactions canines comme celles des êtres humains, à force de malentendus et de méconnaissances quant aux mimiques et à la gestuelle du chien, on peut s'engager dans une mauvaise voie et rater complètement l'éducation de son animal.

> Les associations d'idées

Nous devons partir du postulat que le chien raisonne par association d'idées. À tel geste est liée telle parole ou telle intonation. Un mot ou un acte caractérisant une situation produisent toujours les mêmes effets dans les mêmes circonstances. On doit alors prononcer le même mot en donnant un ordre, sans changer d'un pouce l'attitude initiale. Chez le chien, tout agissement est guidé par le plaisir ou le déplaisir. Il a pour but de rechercher la récompense et d'éviter la réprimande. En partant de ces quelques règles, engageons-nous dans l'éducation du cocker américain.

> Le droit à l'erreur

Comme de nombreux chiens, le cocker américain pardonne beaucoup d'erreurs d'éducation : il faut avouer que nous ne sommes pas en majorité des maîtres experts en dressage. Ce qu'un dresseur professionnel peut tenir pour un défaut est en fait un avantage pour le commun des mortels : ne préfère-t-on pas un chien montrant un caractère têtu, quitte à répéter plusieurs fois les mêmes ordres ?

> La communication non verbale

En règle générale, un chien assimile une cinquantaine de mots, mais il n'est pas guidé uniquement par le vocabulaire.

• L'intonation

Il est plus largement influencé par l'intonation et plus précisément par le timbre personnel de la voix de son maître. L'élément essentiel à retenir sur le processus d'obéissance est qu'un chien comprend uniquement le langage non verbal. Si nous intimons à notre compagnon l'ordre de s'asseoir, par habitude, avec lassitude et sans conviction, ça ne marchera pas.

Pour l'homme comme pour l'animal, seule la communication non verbale évite les erreurs de compréhension. Elle permet de lire en nous comme dans une image. Les mots ne sont que des sons accompagnant une attitude qui en dit souvent plus long sur les intentions du maître ou du chien qu'un dictionnaire encyclopédique. Le regard tendre de votre cocker quand vous le grattez derrière les oreilles vous rappellera sûrement de beaux moments.

• Les gestes

On peut dire sur le même ton « couché » ou « cuillère ». Mais l'intonation de la voix pour donner un ordre et le geste d'abaisser la main vers le sol qui l'accompagne ne lui auront pas échappé ! Lors des caresses, la main du maître déclenche un bien-être fondé normalement sur une confiance mutuelle. La main confirme, renforce un lien censé être inaltérable. De trop nombreux maîtres distribuent des caresses par-dessus la jambe. À tel point qu'il ne s'agit plus d'une caresse douce et apaisante mais d'un geste nerveux, rapide, qui ne contribue en aucune manière à l'équilibre des relations maître-cocker.

Il faut donc toujours joindre la pensée à l'action et caresser son chien non pas machinalement, mais tendrement.

> Le langage du chien

Si votre animal favori se met à aboyer alors que vous ne lui avez rien demandé, considérez qu'il fait son devoir. Il hausse un peu la voix non pour le plaisir de vous casser les oreilles, mais parce qu'il donne un signal à sa meute humaine. Il flaire mille fois mieux que nous la présence d'un visiteur.

> La hiérarchie

Tous les chiens sont des êtres très sociaux sachant bien vivre au sein de groupes structurés. Cet esprit de meute leur a permis de devenir la première espèce animale domestiquée, s'intégrant naturellement dans la société humaine.

Une meute est avant tout une hiérarchie, et le cocker américain y est très sensible. De notables différences apparaissent dans chaque portée. Les chiots séparés très tôt de leurs frères et sœurs et de leur mère montrent fréquemment un appétit de domination assez développé. Le chiot se range immédiatement à l'avis du leader de famille, sa meute de substitution. Ce leader n'est pas obligatoirement la personne à laquelle il est destiné, ou celle qui lui donne à manger, c'est en réalité celui qui détient l'autorité familiale. Si le chien vit surtout dans la maison, la personne régnant sur les activités domestiques sera généralement la personne la plus respectée.

Les étapes de la vie d'un chiot

À l'âge de 3 mois, le cocker est comme un enfant entrant au cours préparatoire, à l'âge de 1 an, il passe son bac. Ces quelques mois correspondent aux quinze années de notre enfance et de notre adolescence.

> Une croissance rapide

On dit couramment qu'un an de la vie d'un chien correspond à sept ans de la vie d'un homme. En réalité, le rapport n'est pas constant et varie avec l'âge. Il peut être de 1/15 pour le chien de 1 an, de 1/7 quand il a 5 ans, de 1/5 quand il a 15 ans. Ce qui empêche d'établir une correspondance simple et fiable, c'est la période de croissance extrêmement longue de notre espèce : nous passons un cinquième de notre vie à grandir et devenir adulte. Un cocker y consacre trois fois moins de temps. Les événements et les expériences susceptibles d'interférer sur la formation de son caractère ont comparativement une importance plus décisive. Voici donc le film de la vie d'un chien.

> Le nouveau-né

Le cocker, dans la première semaine après sa naissance, mène une vie très végétative. Il naît aveugle et sourd. Il possède seulement un sens du goût assez primitif. Il perçoit aussi le chaud et le froid. Ses activités essentielles consistent à se nourrir et à dormir. Sa queue doit être coupée à quelques jours. En quatre semaines, il va faire d'énormes progrès sensoriels (vue, odorat, ouïe) et de mobilité. La vue s'acquiert le plus vite (dès l'âge de 15 jours). À 4 semaines, il suit parfaitement des yeux un objet en mouvement.

> Le premier mois

Il apprend à marcher et à lever la queue à 4 semaines. Il commence à être sevré à 6 semaines. Ses facultés mentales, la coordination de ses mouvements, sont très au point quand il atteint 12 semaines. Il est prêt à jouer et à explorer son environnement, il dispose d'une gamme étendue de mimiques qui lui

permettent de se faire comprendre de tous les membres de son espèce. Son développement est extrêmement rapide puisque, en un mois, il a multiplié par cinq son poids de naissance.

> La fin de la croissance

À 6 ou 7 semaines, les mères s'en désintéressent. Certaines mères plus maternelles peuvent être très attentives jusqu'à 2 mois. Au bout d'un moment, les chiots tètent et mordillent, ce qui agace la mère, surtout quand ils commencent à avoir des dents. Ils grognent très jeunes. Ils commencent à changer de dents et sont propres à 4 mois en général. S'ils ne le sont pas, il est certain que vous ne leur avez pas consacré assez de temps. Cette période d'apprentissage de la propreté nécessite beaucoup d'attention de la part du maître. Vers 9 mois, le chien atteint sa taille adulte. Il ne pousse guère plus. Il continue encore à élargir jusqu'à 2 ans. Les poils de la tête et de la jupe n'ont pas encore atteint leur longueur définitive à 2 ans. La croissance est terminée à 2 ans et demi.

> La maturité sexuelle

Les premières chaleurs des femelles peuvent apparaître entre 8 et 18 mois. Les femelles cockers américains ont leurs chaleurs deux fois par an, mais ce n'est qu'un cas général. Certaines ont des chaleurs tous les neuf mois, d'autres tous les douze mois. La régularité entre les chaleurs est essentielle.

L'arrivée du chiot à la maison

D'un point de vue pratique, il apparaît clairement que l'éleveur a un rôle primordial à jouer. Il ne doit pas uniquement assurer la croissance harmonieuse du chiot, réussir son sevrage, il doit aussi l'habituer à être pris dans des mains humaines, à entendre les bruits de la civilisation moderne, à connaître avec tous ses sens l'intérieur d'une maison, etc. Il sera prudent, lors de l'arrivée du chiot à la maison, de s'assurer que l'environnement qu'il a connu chez l'éleveur n'était pas radicalement différent du vôtre.

> Son coin

Après avoir préalablement choisi son lieu de vie – la cuisine, le salon… – l'idéal serait de faire coïncider l'arrivée de votre chiot avec une période de congé, pour être plus disponible et notamment lui apprendre la propreté. Prévoir, lors de votre premier trajet en voiture, une serviette-éponge et un rouleau de papier absorbant, il y a de fortes chances que le chiot bave ou vomisse. Tant qu'il n'est pas propre, le choix de la cuisine ou d'un autre lieu carrelé paraît préférable. Vous pourrez ultérieurement le mettre dans le salon ou dans votre chambre, dès qu'il sera habitué à son coussin, sa couverture, son panier.

> Ses « affaires »

À la maison, vous aurez pris soin d'acheter un panier. Évitez les paniers en osier, ils sont rapidement déchiquetés et sont dangereux pour les yeux. Un panier en plastique dur, garni d'une serviette éponge ou d'une couverture, est idéal.

Une gamelle en inox sera indéfiniment utilisable, alors qu'une gamelle en plastique peut être rongée, une gamelle en terre cuite, cassée.

Achetez des petits jouets bruyants, des os en peau de buffle, mais pensez à retirer ces os s'ils deviennent trop mâchés pour éviter tout risque d'étouffement.

> Le premier jour

Il est préférable d'aller chercher le chien avec votre conjoint ou un ami. Il pourra ainsi rassurer le chiot sur ses genoux. À son arrivée, soyez à son écoute. Il aura sans doute soif et envie de se soulager, s'il ne l'a pas déjà fait dans la voiture, pour le plus grand plaisir de votre passager ! Il vient de quitter sa mère, sa fratrie, tout chez vous lui est inconnu. Un chiot dort énormément. Assurez-vous que les enfants le laissent suffisamment se reposer. Ce déménagement peut entraîner des selles un peu molles le soir même, mais tout rentre rapidement dans l'ordre.

> Les repas

Ne laissez pas le chiot mendier à table, ne lui donnez pas les restes de votre repas. Il apprendra ainsi à ne pas quémander lorsque vous êtes attablés, si vous avez des invités, cela peut être gênant. La meilleure façon de le décourager dans sa quête perpétuelle, c'est de l'ignorer complètement. Bébé comprendra qu'il est vain d'insister et se contentera de ses repas. On peut apaiser ses envies gourmandes en le servant avant de passer soi-même à table. Le ventre plein, il sera beaucoup moins tenté de demander l'aumône, et le repas de famille ne lui semblera pas plus appétissant que la pâtée qu'il vient d'avaler.

> Les règles

Il faut décider dès le départ s'il a le droit ou non de monter sur le canapé ou sur le lit. On ne peut le laisser faire un jour, puis lui interdire le lendemain, sous prétexte qu'il a les pattes pleines de boue.

Comment lui parler

> Son nom

• Le choix du nom

Le premier mot à lui apprendre sera bien sûr son nom. Celui donné par l'éleveur peut se révéler trop compliqué pour la vie de tous les jours (voir chapitre « Les papiers du cocker américain »), et il ne vous sera pas interdit, une fois le chiot arrivé chez vous, de choisir le nom que vous voulez. Il ne pourra cependant se substituer à son nom officiel, qui restera le seul valable pour toutes les démarches administratives. Optez pour un nom à deux syllabes très différentes qui claquent bien, qui ne puisse être confondu avec les ordres que vous pourrez lui donner, et qui ne soit pas ridicule à prononcer en public.

• L'usage de son nom

N'utilisez pas son nom à toute heure du jour et dans les conversations. Il doit vous servir

exclusivement à attirer son attention. S'il l'entend cinquante fois dans la journée, et notamment quand vous ne lui demandez rien (lorsque vous parlez de lui par exemple), il finira par attendre un signe plus tangible de votre part pour relever la tête.

> Le « non ! »

Le deuxième mot qu'il doit connaître est « non ». Même si son vocabulaire reste toujours très réduit, le fait qu'il obéisse à ce mot sera pratiquement suffisant pour que vous en ayez le contrôle. Dans les jours qui suivent son arrivée, il doit apprendre que ce mot lui somme d'arrêter ce qu'il entreprenait de faire. Veillez à ce que chaque personne de la maison suive les mêmes consignes. Un chien désobéit souvent parce que, chacun des membres de la famille ayant son idée quant aux ordres à lui donner, il ne sait plus où il en est. Mettez-vous donc préalablement d'accord sur ce qu'il faut lui dire et lui interdire.

> Son vocabulaire

Prenez l'habitude de ne rien lui demander sans avoir auparavant sollicité son attention en l'appelant par son nom. Peu à peu, il apprendra plusieurs mots ou expressions comme « en voiture ! », « monte ! », « on va se promener ! », « viens ! ». Mais plus que les mots, ce sont les intonations qui comptent. Une voix un peu grave et posée est bien plus efficace qu'une voix aiguë, qui aura tendance à exciter le chiot.

> Le rappel

Pour la sécurité de votre chien et pour votre tranquillité, mais également pour le respect des autres, il est indispensable que votre compagnon apprenne à revenir systématiquement à vos pieds, chaque fois que vous le lui ordonnerez.

• L'instinct

Pour assimiler cet ordre, il faut que le chiot l'apprenne très jeune, quand il est encore malléable. On s'appuiera pour cela sur l'instinct grégaire du chien, qui a horreur de se trouver seul, surtout quand il est petit. Regardez jouer une portée dans un jardin : chaque chiot paraît assez individualiste, et en voilà un qui s'intéresse au mouvement d'un brin d'herbe ou à un insecte. Pendant ce temps, les autres s'en vont un peu plus loin, et le curieux qui s'aperçoit soudain qu'il est seul manifeste tout de suite de l'inquiétude et va bien vite rejoindre le reste de la troupe.

• L'apprentissage

Appuyez-vous sur ce comportement ; dès qu'il vous rejoint spontanément, appelez votre chiot par son nom et dites-lui de revenir. Employez toujours la même expression : « viens ! » » ou « à la maison ! », ou ce que vous voulez mais sans lui faire de discours. Pour être plus clair, joignez à votre ordre un geste bien démonstratif (par exemple, frappez sur votre cuisse, ou accroupissez-vous), puis récompensez-le. Rappelez-vous que revenir vers son maître doit être systématiquement associé au plaisir pour le chien.

> Le « couché ! »

Le « couché ! » peut paraître superflu dans la vie quotidienne.

• L'utilité

Voici cependant une situation qui n'a rien d'exceptionnel, et où cet ordre se révèle très utile. Imaginez que vous vous promenez sur une petite route de campagne et que soudain une voiture arrive : si vous appelez votre compagnon, il risque de se faire écraser mais, si vous ne dites rien, il peut également avoir le réflexe de vous rejoindre. La solution, c'est de lui dire fermement « couché ! », pour qu'il reste immobile à l'endroit où il est.

• L'apprentissage

Pour obtenir l'obéissance à cet ordre et lui apprendre le mot « couché », il faut saisir les occasions où votre chien se couche de lui-même. Il s'agit qu'il comprenne l'association entre ce qu'il fait et ce que vous lui dites. Il ne faudra toutefois pas oublier de le libérer par un autre ordre « viens ! », quitte à anticiper sur son mouvement instinctif de venir se faire féliciter. Peu à peu, on espacera l'intervalle entre les deux ordres, en estimant le plus exactement possible sa capacité à rester couché un certain temps.

> Les révisions

Le rappel et l'ordre « couché ! » doivent être révisés de temps à autre. L'obéissance est en effet comme une gymnastique, bons réflexes et gestes justes ne perdurent que grâce à des révisions périodiques.

Comment le faire obéir

Retenez deux principes simples :

– utilisez toujours le même ton pour le même ordre accompagné du même geste ;

– envisagez au même moment la récompense ou la réprimande en fonction du résultat obtenu.

Le processus consiste à définir au préalable une stratégie, comme le rappel ou la position au sol ou l'immobilisme. Puis on détermine les codes clés : « viens ici ! », ou bien « reste là ! »,

« pas bouger ! ». On fixe également les attitudes clés : la tête haute pour le rappel, le doigt tendu pour dire « couché ! », le doigt menaçant pour dire « pas bouger ! ». Au maître d'inventer ; mais si chacun se réfère à un schéma, il ne devra jamais en démordre pendant toute la vie commune.

La propreté

> À LA MAISON

• L'apprentissage

Le cocker appartient à une espèce qui garde son nid propre : sauf maladie (ou impossibilité), aucun chien ni aucun chiot ne souillera jamais l'endroit où il dort. Il peut faire pipi juste à côté de son panier, mais en aucun cas dedans. Pour lui apprendre qu'il doit considérer toute la maison comme son nid, et pas uniquement le lieu où il se repose, utilisez la simplicité.

Dès qu'il a fini son repas, menez-le dehors, puis félicitez-le chaudement dès que, par pur hasard, il a fait ses besoins. En revanche, ne le réprimandez pas s'il s'oublie dans la maison. Même s'il vous en coûte, jouez l'indifférence et nettoyez de préférence quand il a le dos tourné. Il ne faut pas que ses pipis deviennent l'objet de vos attentions.

• L'« accident »

De votre promptitude à déceler le moment où il veut faire ses besoins et à l'emmener à l'endroit adéquat va dépendre la rapidité de son apprentissage. Le chiot a tendance à se soulager toujours aux mêmes endroits. S'il s'est oublié un jour sur la moquette du salon, il aimera y retourner uriner s'il arrive à retrouver l'odeur. Malgré les désodorisants ou les parfums, la moquette risque de rester imprégnée. Un truc : en aspergeant immédiatement un petit pipi avec de l'eau gazeuse, le gaz carbonique, en s'évaporant, absorbera l'odeur. C'est efficace quand on agit immédiatement, mais attention ce n'est pas un désinfectant !

• Une question d'à-propos

Lui « mettre le nez dedans » est une méthode à éviter, dont le principal résultat sera de compromettre toute la confiance qu'un chiot met instinctivement dans son maître. Ce geste pourrait détériorer les rapports avec le maître avant même qu'ils soient établis. Récompenser le comportement adéquat est réellement le chemin le plus rapide pour réussir à inculquer la propreté à votre chien. Les félicitations sont plus efficaces que les réprimandes. Lorsqu'il s'oublie et est grondé, il comprend simplement : c'est mal de faire mes besoins. Quand il se soulagera à l'endroit indiqué, félicitez-le exagérément et il réalisera son erreur précédente. La durée de cet apprentissage dépend donc de votre disponibilité. L'idéal, dès son arrivée, serait de pouvoir le sortir toutes les deux heures, car le seul environnement convenable pour inciter votre cocker à se soulager n'est pas la maison mais l'extérieur.

• La physiologie

D'un point de vue physiologique, le chien ne peut se retenir plus d'une journée entière. Alors, s'il est amené à rester seul les jours suivant son arrivée, le chiot ne pourra s'empêcher de souiller la moquette, et c'est au maître de tolérer les salissures. Plus tard, vous aurez la possibilité, si vous avez un jardin, d'installer une chatière qui permettra au cocker de sortir selon ses envies. En grandissant, il se contentera d'uriner toutes les six heures ou plus. Adulte, il est important de sortir le cocker trois fois par jour. À raison d'un minimum de vingt minutes toutes les vingt-quatre heures, votre chien ne vous prendra que relativement peu de temps pour tout l'amour qu'il vous donne.

> En ville

• L'apprentissage

Dans les rues, le chien doit apprendre à se libérer dans les espaces réservés à son intention, les caniveaux, sinon gare aux amendes. Même s'ils ne sont pas la panacée, ils demeurent le moyen le plus utilisé et sont accessibles à tous et à toute heure.

Comment amener son cocker à faire où on lui indique de faire ? La méthode est simple, il faut beaucoup d'attention. Dès qu'il s'accroupit, entraînez-le illico vers le caniveau. L'animal ne mettra pas longtemps à comprendre.

Rien ne sera acquis en matière d'éducation à la propreté, alors surveillez-le. La récompense est indispensable lors de chaque dépôt d'excrément ou d'urine.

• La civilité

Ne négligez pas le chapitre propreté en ville, le respect de votre cocker et de vos voisins est essentiel à une bonne hygiène de vie. Pensez à apporter du papier absorbant et à nettoyer ses déjections si votre chien s'oublie. Cette technique vous permettra d'examiner régulièrement ses selles, ce à quoi doit se livrer tout maître soucieux de la santé de son cocker. Et le maître attentif à mettre en pratique les campagnes d'affichage, qui conseillent « apprenez-leur le caniveau » (sinon une contractuelle vous apprendra vos devoirs de citoyen), rentrera chez lui satisfait d'avoir assumé son rôle de maître irréprochable.

Le cocker américain dans le jardin

En tant que chasseur, le cocker américain peut très bien creuser, fureter dans votre jardin. Il vous reste alors à lui montrer ses limites. Il importe donc de lui indiquer précisément les endroits où il peut exercer ses talents de chasseur. Pour qu'il assimile bien les lieux de chasse interdite, il ne faut pas lui laisser la possibilité de s'y trouver seul, sans surveillance. La base de cet apprentissage est de le prendre sur le fait, pour le féliciter quand il se comporte bien, s'il vous suit sagement dans les allées, et pour lui dire « non ! » dans le cas contraire. Quand il sera bien conditionné, vous pourrez le laisser batifoler, mais pas trop longtemps quand même. Donc, ne le mettez pas à la porte de la maison pour être tranquille, ou alors considérez l'espace autour de la maison comme son espace de jeux.

Disposer d'un jardin est une bonne chose pour tous les chiens, pour prendre l'air comme pour jouer avec leur maître. Ce jardin devient un élément plutôt négatif quand les maîtres le conçoivent comme une façon de ne pas s'occuper de leur chien, de ne pas avoir à le sortir.

Le cocker américain en voiture

Le cocker américain adore découvrir de nouveaux endroits et, surtout, il aime accompagner son maître. Bien sûr, il y aura toujours le cas atypique du chien qui vomit dans la voiture, mais c'est si rare. Aérez…

> L'organisation

Quel que soit le mode de transport choisi, songez à faire faire une promenade à votre chien au préalable. Cela vous évitera de multiples arrêts pipi pendant le parcours, ou pis, l'inondation de vos banquettes. De surcroît, il supportera mieux la distance s'il s'est dépensé auparavant : il va s'assoupir et voyager sans s'en rendre compte. Il est recommandé de placer son chien à l'arrière du véhicule, bien que l'on voie fréquemment des toutous assis à l'avant. L'essentiel est que ce voyageur à quatre pattes ne gêne pas le conducteur.

> Quelques précautions

Pour ses premiers déplacements, le jeune chiot aura tendance à avoir mal au cœur. Vous pouvez demander à votre vétérinaire un antinauséeux. Surtout, roulez en douceur et ne le terrorisez pas par des coups de freins brutaux. Si vous effectuez un long voyage, ménagez-lui des moments de détente. Mais avant d'ouvrir la portière, mettez-lui sa laisse. Il a tellement envie de prendre la clé des champs qu'il peut vous filer sous le nez en traversant la route. Lorsque vous êtes à l'arrêt, placez-vous à l'ombre, tout en sachant que le soleil tourne et que d'ici une heure votre chien peut haleter et risquer la mort si la température atteint 50° à l'intérieur de la voiture.

La solitude

Les chiens, comme les hommes, sont faits pour vivre en société et non pour végéter seuls de longues journées. Alors, si vous ne comptez pas vous en occuper sérieusement, si vous ne disposez pas d'assez de temps, réfléchissez à deux fois avant d'adopter un cocker. Dès que vous entrerez chez vous, montrez-lui votre affection, et surtout, il est inutile de lui faire moult recommandations quand vous sortez, ni discours, ni effusions, prenez un air détaché, sinon il comprendra que quelque chose d'important se passe et sera meurtri d'inquiétude. Donnez-lui à manger dès votre retour, qui sera alors synonyme de joie, et votre animal saura vous attendre avec patience, même lors de sorties inopinées. Occupez-le pendant votre absence avec un os, de la musique, la radio, voire la télévision, mais l'essentiel est l'attitude que vous prendrez à votre retour. Surtout, n'oubliez pas de sortir votre compagnon avant et après votre absence, pour lui permettre de se dégourdir les pattes et de satisfaire ses besoins naturels.

La santé du cocker américain

Le vieillissement du cocker américain dépend souvent du propriétaire. Les chiens menant une vie assez sportive vieilliront bien. Mais un chien mal préparé au troisième âge montrera des signes de surcharge pondérale et en subira les conséquences. Attention aux deux points faibles du cocker américain : l'obésité et les oreilles, qui doivent être nettoyées régulièrement afin d'éviter des otites chroniques très difficiles à soigner. Le cocker vivra en général jusqu'à 14-16 ans.

Les maladies propres au cocker

Les maladies propres au cocker américain sont la cataracte juvénile, l'atrophie rétinienne et le glaucome. Ces trois maladies des yeux sont héréditaires chez le cocker américain. Vous ne choquerez aucunement votre éleveur en lui demandant si les parents des chiots ont développé une de ces affections. Tous les éleveurs doivent faire tester leurs chiens. Alors demandez les papiers des parents prouvant qu'ils ne sont pas porteurs de tares oculaires.

> La cataracte

La cataracte consiste en une opacification totale ou partielle du cristallin. Une cataracte totale entraîne la cécité et son traitement est exclusivement chirurgical. La principale caractéristique de la maladie est une coloration blanchâtre de la pupille. L'animal, qui peu à peu ne voit plus, bute contre le moindre obstacle. Il devient alors taciturne et peureux. Il est temps d'envisager une opération et surtout d'éviter de le faire reproduire.

> L'atrophie rétinienne

Attention également à cette affection. Les cellules de la rétine peuvent subir des altérations entraînant la cécité. Ces altérations sont consécutives à des phénomènes infectieux ou

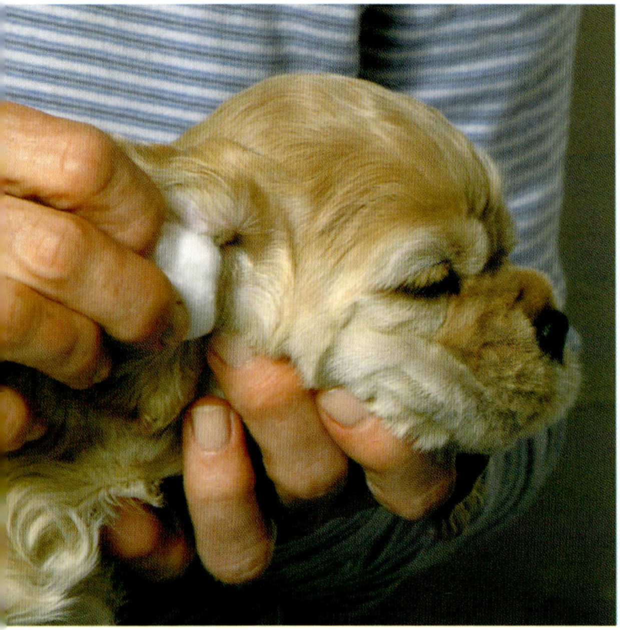

inflammatoires (rétinites, choriorétinites) ou à des phénomènes dégénératifs (atrophie rétinienne). Ces phénomènes dégénératifs sont, chez le cocker américain, dépendants de facteurs génétiques.

> Le glaucome

Les symptômes du glaucome consistent en une rougeur de l'œil, avec disparition plus ou moins rapide (selon le type d'évolution) de la fonction visuelle du côté de l'œil atteint. Cette cécité soudaine peut être irréversible. Le glaucome peut également compromettre l'intégrité du globe oculaire, qu'il faudra même parfois aller jusqu'à enlever. Le traitement médical du glaucome nécessite un suivi régulier du chien, et toute poussée d'hypertension oculaire doit être soignée rapidement. Si le traitement médical ne suffit pas, si le glaucome est aigu, le traitement chirurgical peut aujourd'hui permettre de sauver un œil atteint. Choisissez, pour cette intervention délicate, un spécialiste de cette discipline si particulière.

Les vaccinations

À 2 mois et demi, votre chiot aura déjà subi une primovaccination vers 8 semaines contre la maladie de Carré, l'hépatite de Rubarth et la parvovirose, trois maladies dévastatrices. L'éleveur vous remettra son carnet de santé. À l'âge de 12 semaines, votre chiot subira les rappels de ses trois vaccins ainsi que le vaccin contre la leptospirose. Les rappels contre la leptospirose et le vaccin contre la rage s'effectueront trois à quatre semaines plus tard. Le vaccin contre la rage ne sera valable qu'un an. La vaccination contre la piroplasmose peut s'effectuer plus tard.

Les maladies

> La piroplasmose

• La transmission

La piroplasmose est une maladie due à un parasite du sang, le piroplasme, transmis par la tique. Pendant quelques jours, celle-ci se gorge de sang et triple de volume. Toutes les tiques ne sont pas porteuses de ce piroplasme, mais elles peuvent se contaminer en prenant leur repas de sang sur un animal porteur. Les piroplasmes parasitent les globules rouges du chien, s'y multiplient et les font éclater, ce qui provoque assez rapidement une anémie.

• Les symptômes

Un ou deux jours après la piqûre de la tique porteuse de piroplasmose apparaissent les premiers symptômes : une grande fatigue accompagnée d'une forte fièvre d'apparition brutale. Le chien hésite à se déplacer et refuse toute nourriture. Les urines peuvent être foncées, du fait de la présence d'hémoglobine provenant des globules rouges détruits. En un ou deux jours, les symptômes s'aggravent, avec une atteinte du foie et des reins (augmentation du taux d'urée dans le sang) ainsi qu'une intense anémie (les muqueuses sont très pâles).

• Le traitement

Non traitée, la piroplasmose est mortelle. Il faut donc consulter immédiatement votre vétérinaire dès les tout premiers signes de maladie. Depuis 1986, il existe un vaccin anti-piroplasmique. Il offre un taux de protection de 90 %.

> La maladie de Carré

La maladie de Carré est une maladie contagieuse dont l'évolution est souvent mortelle. La maladie est visée par la loi du 22 juin 1989 et est inscrite sur la liste des vices rédhibitoires. La période d'incubation est de trois à sept jours. Les symptômes sont : une hyperthermie persistante, un catarrhe oculonasal, des troubles digestifs, respiratoires, nerveux, cutanés. La contagion se fait habituellement par pénétration du virus par voie nasale ou conjonctivale.

> La maladie de Rubarth

La maladie de Rubarth, contagieuse, est inscrite sur la liste des vices rédhibitoires. D'une incubation de trois à six jours, les symptômes essentiels sont : une hyperthermie, une amygdalite, une adénite sous-maxillaire et préscapulaire, une gastro-entérite. La guérison s'effectue en dix jours.

> La parvovirose

La parvovirose, maladie contagieuse virulente, est due à un parvovirus. Elle est caractérisée cliniquement par une gastro-entérite hémorragique. La parvovirose atteint surtout les jeunes chiens âgés de 6 à 12 semaines. D'une incubation de trois à quatre jours, les symptômes sont : une anorexie, une prostration, des vomissements, des diarrhées hémorragiques. La mort survient entre deux et cinq jours plus tard. Passé le cinquième jour, la guérison peut être envisagée.

> La leptospirose

La leptospirose est une maladie contagieuse commune à l'homme et au chien. D'une incubation de cinq à six jours, les symptômes sont de trois ordres.

Calendrier des vaccinations

Maladie	Primo-injection	1er rappel	Rappel
Maladie de Carré	7 semaines	moins de 1 mois	moins de 1 an
Hépatite de Rubarth	7 semaines	moins de 1 mois	moins de 1 an
Leptospirose	7 semaines	moins de 1 mois	moins de 1 an
Parvovirose	7 semaines	moins de 1 mois	moins de 1 an
Rage	3 mois	moins de 1 mois	moins de 1 an
Piroplasmose	2 injections la première année	–	1 rappel par an

La première forme est une gastro-entérite hémorragique, avec comme complications possibles une insuffisance rénale aiguë, une myocardite, une iridocyclite, une encéphalite. La mort est rapide, en quelques jours.

La deuxième forme de leptospirose a comme complications possibles une insuffisance rénale aiguë, une myocardite.

La dernière forme de leptospirose consiste en une insuffisance rénale d'évolution plus ou moins rapide.

Il est indispensable d'éviter les baignades, les étangs ou rivières contaminés. Vous devez éliminer tous les éventuels rongeurs dans le chenil, dépister sérologiquement les infectés inapparents, les isoler et désinfecter les locaux.

Les vermifuges

Lorsque vous achetez votre chiot cocker à 2 mois et demi, on lui aura sans doute administré plusieurs fois un vermifuge pour le débarrasser des vers parasites : tous les quinze jours depuis sa deuxième semaine de vie. Vous devrez lui donner un vermifuge tous les deux mois jusqu'à 9 mois, et deux fois par an à l'âge adulte.

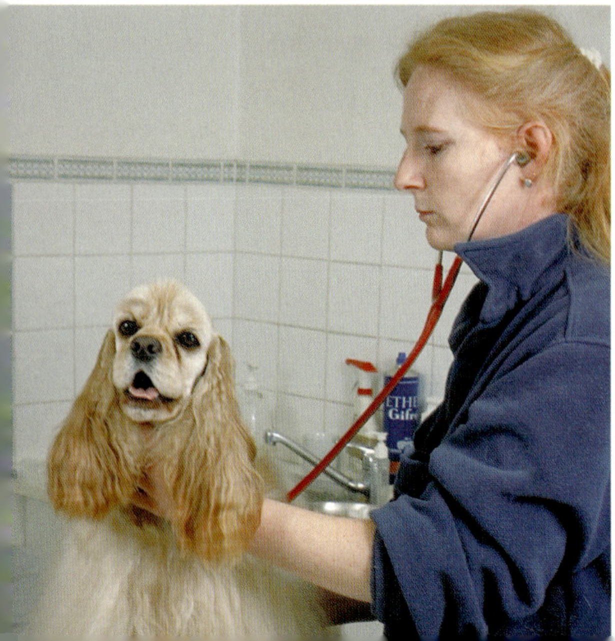

Certains vermifuges traitent uniquement les vers ronds, d'autres uniquement les vers plats. Quelques-uns sont polyvalents, mais peu sont efficaces contre les trichures : vers ronds de 2 ou 3 cm de longueur qui entraînent des diarrhées rebelles avec des filets de sang.

Les chiennes reproductrices doivent être traitées avec un vermifuge dix jours avant et dix jours après la mise bas. En élevage, on doit administrer un vermifuge tous les trimestres.

> Les vers ronds

Les chiots sont presque tous infestés de vers ronds. Il n'est pas rare de trouver dans les selles d'un chiot après un traitement au vermifuge, des vers ronds mesurant environ 8 cm de longueur. Ces vers peuvent entraîner des diarrhées. Le chien peut aller jusqu'à vomir des vers. Mais, dans la plupart des cas, ce parasitisme ne provoque pas de signes permettant d'alerter le propriétaire.

> Les vers plats

Il est possible de se rendre compte de la présence de vers plats grâce aux segments de vers qui se détachent et se retrouvent dans les selles ou collés sur les poils autour de l'anus. Il est alors indispensable de déparasiter le chien contre les puces, qui hébergent les larves de ces vers.

Administrer un médicament

Il est facile d'administrer soi-même un traitement par cachet ou liquide, voire de faire une injection sous-cutanée.

> Le cachet

Ne dissimulez pas la pilule dans une boulette de viande car le chien peut ne pas la recracher tout de suite mais plus tard, derrière le fauteuil. Mettez-lui plutôt la pilule dans la bouche en veillant

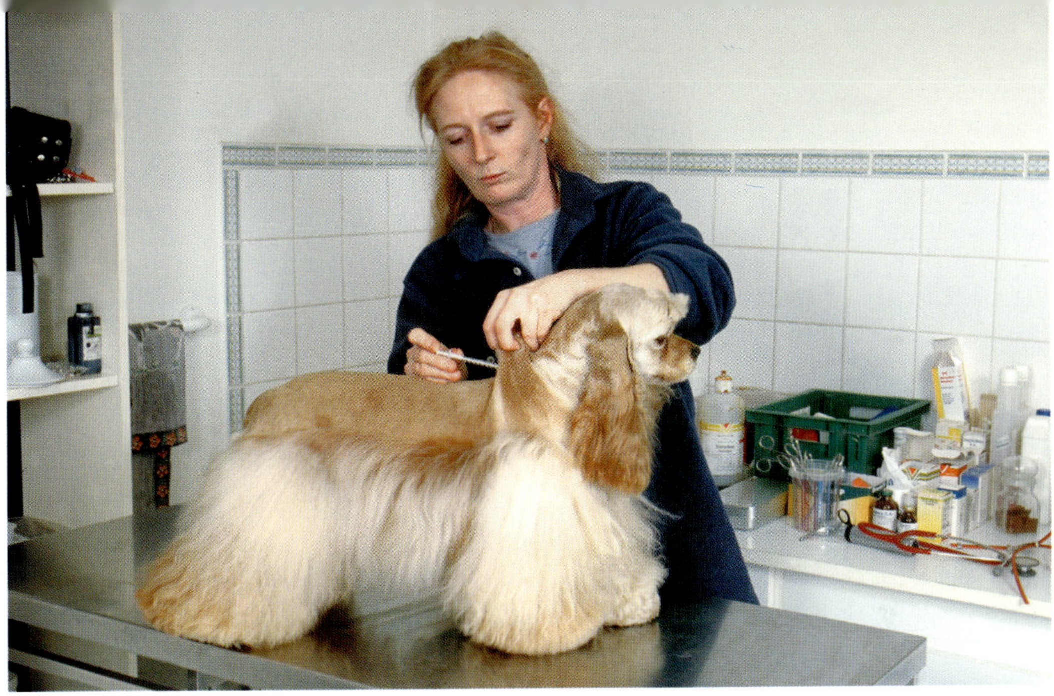

à ce qu'il déglutisse. Le principe est de maintenir le chien contre soi, sans le serrer exagérément, ce qui l'amènerait à se débattre. D'une main, prenez son museau en serrant les lèvres derrière les crocs pour l'obliger à ouvrir les mâchoires. Avec l'autre main, jetez le cachet le plus loin possible dans la gorge, puis refermez très vite ses mâchoires. Maintenez-les fermées, massez un instant sa gorge pour aider la déglutition.

> Le liquide

Pour administrer un liquide, employez la même technique. Vous aurez placé le liquide dans une seringue (sans l'aiguille !) dont vous glisserez l'extrémité à la commissure des lèvres, en maintenant les mâchoires du chien fermées de façon à ce qu'il ne le recrache pas immédiatement.

> L'injection

Dans le cas d'un traitement nécessitant un certain nombre d'injections sous-cutanées, votre vétérinaire vous indiquera où et comment procéder, ce qui ne présente aucune difficulté.

Les principaux accidents

Si vous n'avez pas suivi de cours de secourisme, ne paniquez pas mais essayez de faire preuve de bon sens et de prudence. N'agissez jamais précipitamment.

> L'occlusion

Veillez à ce que rien ne traîne dans l'environnement du chien. On a déjà retiré de l'estomac de jeunes chiens des objets divers (clous et boulons, capsules, objets en plastique...). L'occlusion intestinale se signale par une perte d'appétit, des vomissements, un manque de vitalité. Si votre chien a un évident besoin de ronger, faites donc une provision d'objets en peau de buffle.

> Les boiteries

Le chiot n'est pas douillet, mais sauter d'un muret ou d'une chaise n'est tout de même pas un exercice recommandé. Le saut vertical pour attraper la balle ou la gâterie que vous lui aurez jetée est un jeu apparemment commun. Il se révèle très vite mauvais pour la colonne vertébrale et les articulations des pattes arrière. Les entorses et les luxations ne sont pas rares, bien que le jeune chien possède une grande souplesse ligamentaire.

> Les plaies

Quand les plaies ne sont pas hémorragiques, nettoyez-les à grande eau, puis appliquez dessus une solution antiseptique telle que l'eau de Dakin.

Si le chien s'est blessé, ne manquez pas de le signaler au vétérinaire, qui fera ainsi une injection de sérum antitétanique. Lorsque le sang coule abondamment, appliquez fermement sur la plaie une compresse faite d'un linge propre. Cette précaution suffit souvent jusqu'à l'arrivée du vétérinaire.

Évitez de poser un garrot, dans la mesure du possible, si vous n'en avez jamais fait. Les morsures de chien sont souvent les plus longues à cicatriser : contrairement à une opinion très répandue, la salive du chien n'a aucune vertu cicatrisante, bien au contraire.

> Les piqûres et morsures d'insectes

Les piqûres, notamment d'abeilles, provoquent des œdèmes, qui peuvent étouffer le chien s'ils se situent au fond de la gorge.

La vipère ne pique pas, elle mord. On peut le constater très facilement par la présence de deux points espacés d'un petit centimètre. En cas de morsure de serpent, portez votre chien jusqu'à la voiture et rejoignez au plus vite une pharmacie, qui vous délivrera un sérum antivenimeux à injecter. La sensibilité au venin est différente suivant les individus, et le sérum, même administré très rapidement, ne sauve pas systématiquement le chien. Toutefois, certains chiens qui ont marché longtemps après une morsure et n'ont pas été soignés très rapidement, s'en sortent parfaitement.

> Les intoxications

De nombreux produits sont toxiques pour le chien : ceux de la cuisine, du garage ou du jardin, en particulier les poisons contre les rats, les antilimaces (qui ne contiennent pas toujours un répulsif), sans oublier les appâts empoisonnés contre les renards, même si la loi en a prohibé l'usage. Attention aussi à l'antigel dont les chiens sont très friands, ce produit est mortel.

Si l'ingestion du poison date de moins d'une heure, tentez de faire vomir votre chien en lui faisant avaler une cuillerée à café de sel de cuisine. Au-delà de ce délai d'une heure, le produit ne se trouve plus dans l'estomac. Recherchez quel est le produit ingéré.

Les fractures

N'essayez pas de confectionner une attelle sur le membre fracturé si vous n'êtes pas secouriste, mais portez le chien sur un brancard pour ne pas déplacer le membre. Une couverture tendue par deux personnes peut remplacer ce brancard, si le chien ne se débat pas.

S'il s'agit d'un produit corrosif, n'essayez pas de purger votre chien : rejoignez au plus vite le vétérinaire de garde, accompagné d'une personne qui empêchera l'animal de se blesser s'il entre en convulsions. Le lait n'est jamais un antipoison. Il peut, dans bien des cas, aggraver la situation.

> Le coup de chaleur

Chaque année, un trop grand nombre de chiens meurt dans des voitures exposées en plein soleil. Les possibilités de régulation thermique du chien sont plus réduites que celles de l'homme : il ne transpire pas par la peau et ne se ventile qu'en haletant.

Ne laissez donc jamais votre chien dans une voiture aux vitres fermées. Un soleil même voilé peut transformer votre véhicule en fournaise. Entrouvrir les vitres de quelques centimètres n'assure pas une ventilation suffisante de l'habitacle.

Pour sauver un chien atteint d'un coup de chaleur, il faut s'efforcer d'abaisser sa température interne, à l'aide de serviettes mouillées, de glace sur la tête, et en le douchant en continu. Pratiquez ensuite la respiration artificielle. Si le chien n'est pas entré dans le coma, le vétérinaire pourra faire diverses injections et perfusions. Si vous voyez un chien atteint d'un coup de chaleur, n'hésitez pas à casser la vitre s'il ne vous est pas possible de prévenir très rapidement son propriétaire.

Les parasites externes

> Les puces

Leur présence n'est pas immédiatement décelable. On peut quand même distinguer leurs excréments, petits points brunâtres parsemant le pelage, surtout au niveau des reins.

Les puces provoquent des démangeaisons, et sont surtout responsables de la majorité des allergies et des eczémas. La salive de puce peut provoquer la perte des poils, le rougissement de la peau, la formation de croûtes. Les puces sont l'hôte intermédiaire du ténia et d'autres parasites. Des poudres insecticides, passées à rebrousse-poil, débarrasseront votre cocker de ses puces, mais n'oubliez pas de traiter en même temps son panier, voire tous les endroits où il a l'habitude de se reposer, qui peuvent receler des larves. Il faut quelquefois renouveler ces traitements durant plusieurs mois pour que le chien soit durablement débarrassé des puces.

> Les poux

On les rencontre surtout chez les jeunes chiens. Les poux sont visibles à l'œil nu et occasionnent de nombreuses « pellicules ». Leur prolifération se traite sans difficulté, mais sachez toutefois que cette parasitose est très contagieuse.

> La gale

La gale, due à un acarien, le sarcopte, provoque des dépilations sur les parties inférieures du corps ainsi que sur la tête, et s'accompagne de vives démangeaisons. Elle est également très contagieuse, pouvant même être transmise à l'homme. Un autre acarien, le demodex, est responsable de la gale dite folliculaire. Le parasite vit alors dans la racine du poil (d'où la difficulté de traiter cette parasitose). Moins contagieuse, elle est néanmoins beaucoup plus difficile à traiter.

> La teigne

On la rencontre le plus souvent chez les chiots. Elle a pour origine un champignon. Elle débute par de petites surfaces rondes qui se dépilent et s'étendent peu à peu. On constate aussi une odeur de rongeur. Là encore, les traitements ordonnés par le vétérinaire sont efficaces.

Dire aux enfants de se laver les mains après avoir joué avec le chien n'est donc pas un conseil superflu, de même que leur déconseiller fermement de se faire lécher. Le respect des règles classiques d'hygiène prévient aussi la transmission de la teigne (qui affecte plutôt les chiots), de la gale et des vers digestifs. Le moindre des civismes de la part des possesseurs de chiens est de tenir leur compagnon absolument éloigné des bacs à sable et aires de jeux prévus pour les enfants.

L'entretien hebdomadaire

Les soins hebdomadaires sont importants chez le cocker américain.

> Les oreilles

Les oreilles doivent être très propres. Nettoyez avec un coton sec, sinon des problèmes d'otite peuvent apparaître.

Le cuir de l'oreille a une tendance à se retourner sur lui-même, ce qui empêche l'intérieur de l'oreille de respirer.

> Les yeux

L'œil doit être régulièrement nettoyé, une fois par semaine, notamment avec un produit facilement disponible : du thé noir. Faites infuser un peu de thé, trempez-y un coton et nettoyez le tour de l'œil. L'effet est bénéfique pour l'œil, ce produit naturel resserre les tissus. On peut aussi utiliser de la camomille.

> Les dents

Les dents devront être détartrées. Avec un peu d'habitude, un éleveur peut tenter de le faire régulièrement avec l'ongle (pour éviter que le tartre ne se forme). Si vous vous laissez prendre de vitesse, allez chez le vétérinaire pour faire faire un détartrage aux ultrasons. Les dents seront contrôlées toutes les six semaines. Comme chez les humains, un entretien régulier évitera les caries, et les dents tomberont moins vite. Lorsqu'un chien a les dents très entartrées, celles-ci peuvent tomber à 5 ou 6 ans.

> Les dents de lait

Lors du toilettage du chiot, contrôlez bien ses dents de lait, elles peuvent se chevaucher avec une canine qui pousse. Vous pouvez alors aider la dent de lait à tomber en la bougeant lentement. Attention, les deux dents peuvent se calcifier ensemble et faire dévier toute la mâchoire.

L'alimentation du cocker américain

Le cocker américain, comme le cocker anglais, est un chien gourmand qui a une légère tendance à grossir. Dès l'arrivée du chiot chez vous, vous devez lui donner de bonnes habitudes alimentaires. Il n'aura pas de problèmes d'obésité la première année, mais les suivantes peuvent vous apporter quelques surprises si vous n'avez pas pris vos précautions dès son plus jeune âge.

Les deux méthodes

Quand vous achetez un chiot, l'éleveur doit vous remettre un fascicule sur la façon dont le chiot a été nourri. Il existe plusieurs manières de nourrir un chiot, et personne ne peut réellement dire que l'une est meilleure que l'autre.

> L'alimentation traditionnelle

Il existe encore des inconditionnels de la méthode traditionnelle (viande, céréales et légumes), mais ils ne représentent plus qu'une minorité d'éleveurs. Ces derniers ont souvent eu des chiens élevés traditionnellement pendant leur enfance. Ils ont par la suite l'impression de mal nourrir leur chien en versant 200 g de croquettes sèches dans une gamelle. C'est uniquement psychologique.

L'alimentation traditionnelle pour un chiot nécessitera l'ajout de calcium et d'huile de foie de morue. Malheureusement, tous les propriétaires de chiens ne sont pas diététiciens, et le chien n'ira jamais dire « Hé, papy, il me manque du calcium ! » Alors attention…

> L'alimentation industrielle

Il est naturellement possible d'avoir un chien en bonne santé avec une nourriture plus industrielle, principalement sous forme de croquettes. La compétition est rude entre les multiples fabricants, de grosses sommes d'argent sont en jeu. Par ce fait, les grandes maisons sont obligées de se doter d'un service recherche et développement à la pointe du progrès, afin de suivre et contrôler la valeur nutritive de leurs croquettes. Il existe différentes sortes de croquettes : les croquettes de maintenance et celles de pointe. En achetant des produits de qualité supérieure, vous serez certain de n'avoir aucun problème.

> La comparaison

Quand elle est de qualité, la nourriture industrielle est préférable pour élever un chien. On commencera avec des croquettes pour chiots, puis des croquettes junior entre 6 et 9 mois, et enfin des croquettes pour chien adulte. Donner à ses chiots une bonne marque de croquettes sera plus sécurisant pour un éleveur. L'alimentation ménagère comporte souvent bien des carences, alors que l'alimentation industrielle est complète. Vous voilà prévenu. Nous pouvons alors passer aux multiples types d'alimentation canine.

Les différents types d'aliments

> Les aliments préparés

Les spécialistes appellent « aliments humides » les boîtes ayant la consistance d'une pâtée.

Les aliments secs sont généralement conditionnés en sacs de plusieurs kilos. Il s'agit de croquettes ou de soupes en flocons. Ces aliments se conservent longtemps à l'air libre car ils ne contiennent pas d'eau. Les aliments secs se décomposent (si on peut s'exprimer ainsi) en aliments complets et en aliments complémentaires. Les flocons (bases des soupes) devront être réhydratés avec de l'eau chaude. Les croquettes nécessiteront seulement un peu d'eau fraîche. Attention, malgré les modes d'emploi et les doses prescrites sur les sacs de croquettes, certaines personnes ont toujours l'impression que, pour mieux nourrir son chien, il faut lui en donner largement plus. C'est malheureusement faux. Alors plus on a la main généreuse, plus les risques d'obésité seront présents.

Les aliments semi-humides ont une consistance moelleuse et se conservent hors du réfrigérateur. Ils sont présentés en barquettes ou en boîtes cartonnées. Ce sont des aliments destinés à remplacer la viande.

Important !

Évitez de passer brutalement d'une alimentation à une autre, sinon des diarrhées apparaîtront.

Les aliments complémentaires : les pâtes, le riz soufflé, voire les brisures de riz, sont des aliments complémentaires à cuire. On les considère également comme des friandises très appétentes, sous forme sèche ou semi-humide.

• Leur utilisation

La conservation, le stockage, la préparation, sont facilités avec les aliments complets secs. Les croquettes ont l'avantage de faire mastiquer le chien. Il vous est vivement conseillé d'accoutumer votre compagnon aux aliments secs, mêmes s'ils ne servent qu'en dépannage. Si vous tenez absolument à concocter vous-même les repas de votre chien, choisissez des aliments complémentaires (en flocons) à mélanger à des boîtes toutes prêtes, à de la viande fraîche, à de la viande surgelée, à des bouchées moelleuses. Tout cela en fonction de votre temps et de votre fantaisie. Surtout, laissez tremper les flocons avant de les donner afin qu'ils soient plus digestes.

> Les aliments frais

Si vous êtes un inconditionnel des aliments frais, voici quelques conseils.

En matière de viande, la joue de bœuf est excellente. Évitez les rognures et la viande pour animaux trouvés au rayon boucherie, qui contiennent surtout des déchets peu digestes. Ces déchets s'altèrent rapidement, car ils sont coupés en morceaux ou hachés. Le poisson sans arêtes est une base de choix. Les légumes sont conseillés : haricots verts, salades, épinards, poireaux et carottes. Ils aident au transit digestif. Ils permettent d'avoir une pâtée importante sans être trop énergétique. L'huile de tournesol, recommandée, est une source d'acides gras essentiels, très importants pour prévenir les problèmes cutanés.

La ration

L'alimentation d'un cocker américain ne nécessite pas de frais considérables : 160 g de viande pour une ration totale de 400 g (aliments frais) paraissent suffisants, ce qui correspond à environ 240 g d'aliments complets (croquettes ou soupe).

> Le produit de beauté

Pour la beauté et la croissance du pelage, on peut donner avec profit un complément « spécial pelage » destiné aux races à poil long et fourni. Pour éviter que le chien ne trempe et ne salisse ses longues oreilles dans sa soupe, il faut utiliser une écuelle conçue pour le cocker, dans laquelle celui-ci ne peut plonger que le nez.

> Une ration équilibrée

Une bonne alimentation ménagère consiste à donner à votre cocker un tiers de céréales, un tiers de légumes et un tiers de viande. Bien vérifier que les repas sont complets, ajoutez de la levure de bière (bon pour le poil) et une cuillerée à soupe d'huile de tournesol de préférence. Les carottes sont parfaites pour la pigmentation. Puis de temps en temps, donnez du poisson.

> Quelques conseils

Si votre chiot est habitué à manger des croquettes dès 6 semaines, continuez. Quand vous

achetez un chiot, l'éleveur vous donnera un échantillon de croquettes pour éviter des diarrhées dues à un changement d'alimentation. Suivez bien ses conseils.

Un chien en convalescence, qui ne veut rien manger, se laissera souvent tenter par du blanc de poulet. De nombreux compléments d'alimentation comme les acides gras essentiels, trouvés dans l'huile, la vitamine B et les acides aminés soufrés que l'on peut trouver dans les tripes, dans les jaunes d'œufs, aident à la pousse des poils. L'huile contient des acides gras essentiels non seulement bons pour le poil mais aussi pour la reproduction.

L'obésité

Les sauces riches en graisses sont-elles des aliments à déconseiller ? Le débat reste ouvert, mais faites tout de même attention à votre cocker. Sa tendance naturelle à ingurgiter tout ce qui est bon peut nuire à sa santé. Donc évitez les graisses, ainsi que les féculents. Un chien n'a pas besoin d'un repas complètement en sauce et trop riche. Le cocker américain est un chien gourmand et pas toujours gourmet. Il se jettera sur tout ce qui est appétissant.

> Quelques chiffres révélateurs

Le système digestif d'un chien est différent de celui de l'homme, alors évitons de nous projeter sur notre animal préféré. Le milieu familial peut être cause d'obésité. En effet, il est amusant de constater que 44 % des chiens obèses appartiennent à des maîtres obèses, 70 % des chiens obèses appartiennent à des propriétaires obèses de plus de 50 ans, 31 % des propriétaires de chiens obèses considèrent que leur chien est normal.

> Un risque important

L'obésité est souvent due à de mauvaises habitudes alimentaires. Elle peut aussi dépendre de déséquilibres hormonaux, auquel cas il est bon de consulter un vétérinaire. On pense toujours bien faire en gâtant son animal, mais il faut savoir que l'obésité diminue son espérance de vie, entraînant des troubles articulaires, cardiaques, respiratoires, hépatiques, des problèmes d'infertilité, des mises bas difficiles et une diminution de la résistance aux maladies.

Les aliments déconseillés

Un certain nombre d'aliments sont déconseillés :

– **les pommes de terre, les haricots secs, les oignons, les choux** occasionnent des problèmes digestifs. L'amidon des pommes de terre est trop fermentescible. Les pâtes et le riz sont préférables ;

– **le blanc d'œuf cru,** qui contient un antivitamine B ;

– **les sucreries de toutes sortes.** Ce sont des aliments très énergétiques favorisant l'obésité (même si le sucre ne fait pas couler les yeux, ni ne rend aveugle) ;

– **les os.** Ne jamais donner d'os de poulet, et encore moins de lapin, qui risquent de provoquer une perforation de l'œsophage ou de l'estomac. Les os de poulet et de lapin peuvent se casser en forme de pointe et devenir ainsi une arme dangereuse à l'intérieur même de l'animal. Des occlusions intestinales et des constipations douloureuses dues à l'ingestion d'os divers sont fréquentes. Vous pouvez en revanche donner de gros os de bœuf ou de veau. Pensez toutefois à les jeter dès qu'ils commencent à être tranchants. Ce type d'os est idéal, l'apport de calcium est important, et les dents de votre chien seront moins entartrées.

> **Pensez « équilibre »**

Pas de sauces, pas d'excès. Et surtout ne donnez pas vos restes de table, un cocker américain mérite mieux que ça. Un chien n'est pas une poubelle de table, il doit avoir une alimentation équilibrée. Un chien qui se dépense beaucoup pourra naturellement avoir une nourriture plus riche qu'un sédentaire dormeur, mais pensez « équilibre ». L'avantage des croquettes réside dans la possibilité de changer de type d'alimentation et de passer au « light » quand un chien est trop gros. Finalement, le principal problème alimentaire du chien ne serait-il pas l'homme ?

Alimentation et reproduction

> **Alimentation et gestation**

• Des besoins particuliers

L'alimentation a des répercussions sur la reproduction d'un chien. Une chienne mal nourrie aura plus de problèmes à faire et à élever ses bébés. Une sous-alimentation énergétique importante ou une déficience protéique quantitative ou qualitative peuvent expliquer certaines manifestations d'infertilité. Vérifiez donc l'apport de certaines vitamines et oligoéléments, en raison de leur activité spécifique. On surveille ainsi la vitamine A, la vitamine E, les acides gras polyinsaturés, le sélénium, le zinc, l'iode.

• Les besoins des fœtus

Pendant la gestation, une chienne devra faire l'objet d'une attention soutenue, d'un apport de vitamines, de sels minéraux indispensables à l'élevage d'une portée. Après la saillie, on peut ne pas la changer de nourriture pendant quarante jours, laps de temps nécessaire pour vérifier si elle est gestante ou pas. À partir de quarante jours, on peut doubler les rations et ne plus faire de restrictions alimentaires. La chienne doit avoir de quoi nourrir ses bébés.

• Alimentation et lactation

Ne jamais donner de viande rouge le premier jour après l'accouchement, cela pourrait couper le lait. Le maximum de la production de lait se situe entre la deuxième et la quatrième semaine de lactation. Pendant la lactation, la chienne voit ses besoins énergétiques tripler. Il faudra donc distribuer des repas copieux composés d'aliments très digestibles (peu de fibres végétales, peu de tendons, etc.), de viande d'excellente qualité, et augmenter la densité énergétique de la ration par l'addition de graisses de bonne qualité.

Toutes les techniques pour faire manger le maximum sont recommandées : alimentation à volonté ou au moins trois repas par jour, ration très appétente (riche en matière grasse et en viande). Il faut impérativement supplémenter la chienne en calcium et en phosphore pendant la lactation.

L'allaitement artificiel

Il peut arriver chez un cocker américain que la mère n'ait pas de lait, mais généralement les chiots sont nourris par la mère.

> Les différents cas

Il existe cependant des cas où l'allaitement artificiel est imposé par :

– la mort de la mère ;

– son refus de nourrir les chiots ;

– une trop grande quantité de lait qui rendrait les tétines trop dures et la tétée difficile pour les chiots ;

– une portée trop nombreuse ou une lactation insuffisante ;

– un lait qualitativement insuffisant (syndrome du lait toxique) ;

– un ou des chiots trop faibles pour téter normalement.

Dans ces cas-là, n'attendez surtout pas que le chiot se déshydrate et meure. Il faut intervenir et procéder à une alimentation artificielle.

> Une remarque

À la naissance, les chiots bénéficient d'une protection humorale grâce au transfert placentaire d'immunoglobulines qui a lieu pendant la gestation. Les chiots élevés artificiellement n'ont souvent pas ingéré assez de colostrum durant les premières vingt-quatre heures. Ils se privent donc d'une quantité importante d'anticorps. Toutefois, élever artificiellement des chiots ayant été privés de colostrum est tout à fait envisageable.

> Le poids des chiots

Il est impératif de peser les chiots trois fois par jour. Le premier jour, le chiot perdra un peu de poids, c'est normal. À partir du deuxième jour, il doit recommencer à prendre du poids. Et personne ne peut juger de l'état de santé d'un chiot uniquement au toucher.

Il est donc essentiel d'avoir un peu de rigueur, de peser ses chiots et de suivre leur évolution. Un chiot qui pleure tout le temps, un chiot toujours à l'écart de sa meute, est un chiot qui demande des soins. Pour vérifier si un chiot tète, vous pouvez, et même devez, mettre le doigt dans la bouche du chiot pour constater s'il fait la succion qui lui donnera son alimentation vitale.

> Les conditions du succès

Le succès de l'allaitement artificiel nécessite des conditions d'environnement spécifiques (28-33 °C les cinq premiers jours, jusqu'à 25 °C vers 4 semaines).

Le substitut du lait maternel doit être bien toléré par les chiots, administré de manière précoce et fréquente. Choisir un lait de chiot, pas un lait de vache. Ils n'ont en aucune manière la même consistance. Le lait de la chienne, comparé au lait de vache, est plus concentré en tous ses éléments, sauf en lactose.

Le lait maternisé pour chiot s'achète chez le vétérinaire ou en pharmacie. Il doit être bien homogénéisé et servi à une température de 30 à 35 °C. La qualité du lait pour chiot est essentielle pour éviter des diarrhées. Ne pas préparer le lait à l'avance ou en excès, jeter l'excédent. Ne pas suralimenter, car les troubles digestifs commencent souvent par les surcharges. Respecter les conseils d'utilisation ; ne pas essayer de l'enrichir à tort.

> Les techniques

L'alimentation artificielle se pratique de deux façons : le biberon et la sonde.

• Le biberon

Pour l'alimentation au biberon, faites bouillir préalablement tout le matériel, biberon et tétine, pour le désinfecter. La distribution de lait peut se faire au biberon jusqu'à 3 semaines. Plutôt que percée, la tétine sera fendue au rasoir, le débit est ainsi mieux adapté. L'allaitement par biberon est idéal pour un chiot en parfaite santé mais qui nécessite quand même un petit complément. Attention à bien doser la quantité, sinon le lait peut passer dans les poumons et ressortir par le nez. Les chiots peuvent faire une fausse déglutition et mourir de pneumonie.

• La sonde

Une manœuvre délicate

En dehors du biberon, il est possible d'utiliser l'intubation gastrique. Ne vous lancez pas seul,

Poids du chiot

Retenez cette indication : un bébé cocker américain pèse environ entre 200 et 250 g à la naissance, il double de poids durant la première semaine.

et demandez à quelqu'un qui sait le faire de vous initier à cette technique. L'alimentation artificielle par sonde permet de sauver de nombreuses portées. Mais il n'est pas toujours facile pour un éleveur inexpérimenté d'enfiler ce petit morceau de caoutchouc dans la bouche d'un chiot. La peur de faire mal en paralyse plus d'un.

Comment procéder

On peut utiliser cette méthode dès la naissance : si une chienne n'a pas de lait, si elle est une mauvaise mère ou si son lait est altéré par une maladie. Avec une sonde œsophagienne, la quantité de lait nécessaire à chaque repas peut s'engager directement dans l'estomac. Le système consiste à employer un tube en plastique souple que l'on trouve en pharmacie ou chez le vétérinaire. Ce tube doit être glissé par la bouche jusque dans l'intestin, en faisant très attention aux poumons. Pour avoir un bon guide à l'intubation, repérez préalablement la distance entre le bout du nez et la dernière côte. Le chiot est tenu debout, le tube est introduit entre la langue et le palais. Le lait est injecté lentement. C'est la meilleure méthode pour nourrir un chiot qui refuse de téter. Attention, injecter directement le lait dans la gorge peut entraîner une pneumonie par fausse déglutition.

Le chiot s'habituera à laper le lait dans une soucoupe vers 3 semaines.

Le sevrage

> Une transition progressive

À partir de 3 semaines, commencez à donner une bouillie lactée, pour aider la mère. Préparez au début une bouillie assez liquide pour faciliter la digestion. La transition de l'alimentation liquide à l'alimentation solide doit être très progressive. Augmentez graduellement les doses. Cette alimentation devenant un véritable complément du lait de la mère, laissez la mère avec les chiots, mais donnez-lui la possibilité de quitter les chiots pour un endroit où elle se reposera tranquillement.

> L'alimentation industrielle

À 6 semaines, un chiot peut être considéré comme sevré. On peut lui donner une alimentation industrielle pour chiots, quatre fois par jour, pour qu'il s'habitue à manger tout seul.

> L'alimentation traditionnelle

Si vous désirez préparer une nourriture traditionnelle pour vos chiens, commencez, à partir de 20 jours, à habituer le chiot progressivement à un peu de viande hachée. Puis mélangez la viande avec un peu de farine lactée pour bébé chiot et un peu de céréales. Augmentez les doses petit à petit.

Vers 4 à 5 semaines, ajoutez à cette nourriture un peu de poudre de calcium, de phosphore, pour compléter l'alimentation.

Gardez toujours la même rigueur pour l'alimentation du chiot et du chien adolescent. De brusques changements entraîneraient des complications de santé. Alors, si vous tenez à votre cocker américain, suivez ces recommandations…

Le toilettage du cocker américain

Si, aux États-Unis, on n'hésite pas à emmener son chien au salon de toilettage, cette habitude n'est pas encore entrée dans les mœurs françaises. Or le cocker américain a non seulement besoin de soins d'entretien réguliers, mais encore d'un toilettage spécifique.
Le toilettage du cocker américain ne peut en aucune manière être comparé à celui des autres spaniels. Ses caractéristiques physiques, la forme à donner à la robe, les techniques utilisées, diffèrent en de nombreux points.

Où faire toiletter son cocker ?

Le toilettage est un art difficile et non maîtrisé par tous, il convient donc de contacter un toiletteur spécialisé.

Certains éleveurs ont des mains expertes. Ils pourront en toute occasion vous indiquer quelqu'un de compétent près de chez vous. L'autre solution est d'apprendre vous-même à toiletter avec les conseils de votre éleveur, mais il faut des mois pour acquérir la technique et des années pour la maîtriser. Le cocker américain est, de tous les spaniels, le chien dont le poil est le plus abondant, notamment sous le ventre et sur les pattes.

Si vous désirez exposer votre chien, ce poil nécessite beaucoup d'attention…

Les étapes du toilettage

Brossage et toilettage sont les deux leitmotive de l'amoureux du cocker. Avant de commencer le toilettage, le chien doit être lavé et brossé.

> Le brossage

Il est déconseillé de brosser votre chien à sec. Le poil du cocker américain doit d'abord être démêlé (en employant un conditionneur) très soigneusement et très régulièrement, à l'aide d'une brosse-épingles, puis peigné pour s'assurer que la fourrure ne comporte plus de nœuds. Idéalement, il faudrait effectuer cette opération chaque jour, ce qui prend peu de temps, dix minutes au plus. Si c'est impossible, un brossage approfondi s'impose une à deux fois par semaine au moins, en fonction de l'activité, de l'environnement du chien et de l'opulence de sa fourrure.

> Le bain

Des bains assez fréquents, toutes les deux à trois semaines par exemple, avec un shampoing protéiné adapté, et des produits (liquides ou en bombe) destinés à fortifier le poil. Sur le moment, ils graissent un peu le chien, mais ils sont très vite absorbés et, de plus, évitent que le poil ne s'emmêle trop après le brossage.

Pour les soins, choisissez un shampoing approprié. Un shampoing protéiné sera nécessaire si le poil de votre chien est abîmé. Rincez à grande eau et utilisez une crème démêlante sans la diluer trop, afin de faciliter sa pénétration dans le poil. Massez le poil, laissez agir la crème démêlante et rincez.

> Le séchage

La table de toilettage et la serviette-éponge sont les outils indispensables. Installez votre cocker américain sur la table de toilettage, prenez la serviette éponge et commencez l'essorage avec amour. Vous aurez au préalable tout fait pour que votre chien ait une totale confiance en vous. Vous devez le manipuler avec précaution. Dès le jeune âge du chien, l'éleveur l'aura déjà habitué au lavage, au brossage, au bruit de la tondeuse et à être coiffé. Installez donc le cocker américain face à vous sur la table. Essuyez-le toujours dans le sens du poil, commencez par le crâne, puis le dos et les oreilles. Doucement…

Allongez votre chien sur le côté pour sécher les franges et les pattes à rebrousse-poil. Recommencez l'opération de chaque côté. Il se peut que votre chien, après des promenades mouvementées, ait des nœuds dans les poils. Utilisez alors un démêlant que vous vaporiserez sur les nœuds. Séchez bien votre chien, puis peignez-le avec soin sur tout le corps. L'objectif est alors d'égaliser le poil, de le faire respirer.

> La sculpture de la robe

Le toilettage, à effectuer toutes les six semaines au moins pour que le cocker ressemble à quelque chose, consiste à passer la tondeuse sur la tête : le chanfrein, la région située sous les yeux, le haut des oreilles, la partie arrière du crâne, ainsi que sur l'encolure. Une des difficultés principales est de ménager une insensible transition entre les parties tondues et celles non tondues. Par ailleurs, le chien sera silhouetté avec des ciseaux : le but est d'obtenir un chien court, avec une angulation postérieure bien marquée, donnant l'impression d'être monté sur des roulettes. À mesure que l'on coupe, il faut brosser le poil pour voir le travail effectué.

Un brushing donnant du gonflant aux franges, une finition aux ciseaux, et le cocker américain devient une sculpture nette et spectaculaire.

Le toilettage : mode d'emploi

> Un bon matériel

La tondeuse doit être de bonne qualité. N'utilisez pas une tondeuse pour chien de supermarché car elle ne résistera pas au poil très serré du cocker américain. Si vous décidez de toiletter vous-même votre chien, il est primordial de commencer par l'achat d'une bonne tondeuse. Nous pouvons vous conseiller deux marques : Oster et Aesculap. Ces tondeuses professionnelles durent longtemps. Elles ne sont pas bon marché, mais c'est un investissement rentable. Prévoir deux lames, une lame numéro 10 et une lame numéro 15 (Oster). D'autres ustensiles compléteront votre équipement (voir encadré).

> La tête

Commencer le toilettage par la tête. Toiletter la tête est une des opérations les plus périlleuses, car il faut visualiser la forme du crâne. Si l'on veut donner un peu de volume, il faut laisser plus de poils. Si le chien a un crâne très développé, il faut au contraire enlever les poils pour diminuer le volume. Chaque chien aura un toilettage adapté à sa tête, du fait qu'il n'y a pas deux animaux semblables et parfaits. Donc commencer par débroussailler la tête, les joues, l'encolure, le haut des oreilles, à la tondeuse pour se rendre compte de la morphologie réelle du chien. Bien prendre son chien contre soi et le regarder. S'il a un crâne trop plat, il faudra laisser un peu de poils pour corriger. Si le stop n'est pas assez marqué, choisir la lame de tondeuse numéro 15 et marquer le stop. Le toilettage permet d'arranger un crâne trop large en laissant alors un peu de poils sur le dessus de la tête, mais il faut diminuer les poils aux ciseaux à désépaissir sous les yeux.

Le nécessaire de toilettage

- une table de toilettage (si possible placée devant un miroir pour faire un travail identique des deux côtés) ;
- une tondeuse de bonne qualité, avec deux lames (numéro 10 et numéro 15) ;
- des ciseaux légèrement incurvés ;
- deux ciseaux à désépaissir ;
- un couteau à trimer ;
- une carde ;
- une brosse avec de longues piques (4 cm).

• Le dessus de la tête

Utiliser la tondeuse avec précaution. Partir du haut de l'oreille en dessinant un demi-cercle pour arriver à l'autre oreille. On va également tondre, une largeur de tondeuse, entre les deux oreilles, puis réutiliser une largeur de tondeuse de chaque côté pour descendre jusqu'à

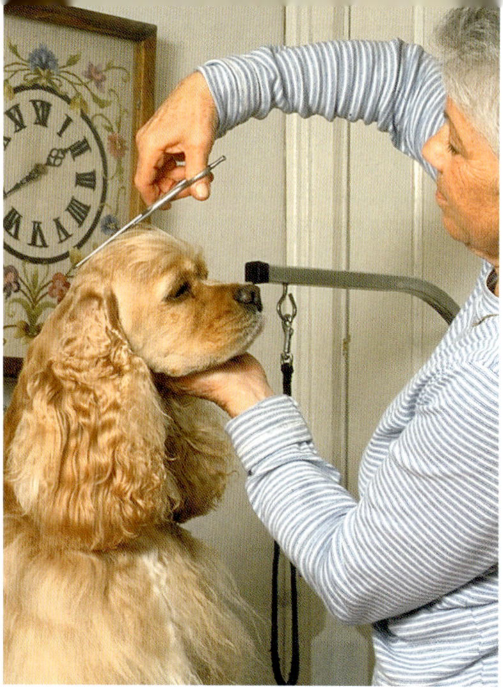

l'épaule. Créer une pointe, puis travailler aux ciseaux à désépaissir.

Passer avec la tondeuse jusqu'en haut des épaules en dessinant une flèche, et ensuite effiler cette partie pour donner une impression de col de cygne. De mauvais toiletteurs tondent entièrement le cou, ce qui rend le chien particulièrement laid. Quand le chien marche, on a ainsi l'impression qu'il est cassé au niveau de l'épaule. La beauté de la démarche du cocker américain réside justement dans cette ligne très douce, ce col de cygne qui s'évanouit dans les épaules. Il faut absolument fignoler son toilettage. Pour un débutant, il est préférable de laisser trop de poils plutôt que de trop couper. Une fois que la tête est dégagée, le travail à la tondeuse est fini sur cette partie.

• Le stop

Le cocker américain est un chien au stop bien marqué, il faut donc dégager entièrement les joues et le museau. Faites particulièrement attention aux babines : bien les dégager pour une meilleure hygiène du chien ; de la nourriture peut se prendre dans les poils et entraîner des infections. Lorsque le chien est sur la table de toilettage, mettre un doigt à l'intérieur de la babine et tondre. On peut commencer l'opération à 6 semaines. C'est un service à rendre au futur propriétaire, car le bruit de la tondeuse n'a rien de naturel pour un chien.

• Les joues

Tracer, avec la tondeuse, lame numéro 10, une perpendiculaire depuis l'attache de l'oreille, passer une largeur de tondeuse. Tondre ensuite entièrement les joues et le menton.

Le cou doit être tondu jusqu'au niveau du sternum. Un cocker ne doit pas avoir une allure ramassée, mais élégante. Il doit avoir de l'encolure. En dégageant le cou, on affine l'encolure. Avec la tondeuse, lame numéro 10, descendre jusqu'au sternum en passant de chaque côté des oreilles jusqu'au niveau des épaules, et revenir en pointe jusqu'au sternum. C'est un travail de débroussaillage ; il faudra ensuite faire la jointure entre le poil qui n'a pas été tondu et le reste. Travailler aux ciseaux à désépaissir pour faire une ligne douce.

• Les oreilles

Un toilettage discret

Les oreilles du chien doivent être toilettées sans qu'on le remarque. Il doit donner l'impression d'une élégance naturelle. Il est beaucoup plus facile de faire des marques de tondeuse que de respecter les règles de l'art. Il y a donc tout un travail à faire aux ciseaux à désépaissir : enlever les poils situés sur le haut des oreilles jusqu'à la moitié, bien dégager l'intérieur de l'oreille.

Le respect du standard

Avec la tondeuse, lame numéro 10, il faut tondre, aérer, tout l'intérieur de l'oreille. Pour l'extérieur, remonter à rebrousse-poil avec la tondeuse ; partir du milieu de l'oreille ; le point de départ dépend de la hauteur de l'attache de l'oreille, mais, si l'oreille est attachée normalement, prendre le milieu du cuir (et non pas de l'oreille, ne pas prendre en considération les poils tombants) et remonter, enlever tous les poils jusqu'en haut ; l'oreille doit être frangée vers le bas, rasée vers le haut ; puis bien nettoyer la bordure de l'oreille, car elle peut être un peu en dentelle (de petites peaux peuvent faire leur apparition). Il ne faut donc pas faire saigner le chien lors du passage de la tondeuse. Pour une oreille implantée trop haut, tondre avec une lame numéro 15 sur tout le niveau d'implantation de l'oreille, et laisser un peu de volume sur le haut de la tête pour créer un dôme par le toilettage. Une lame numéro 15 permet de toiletter plus près de la peau, cela donne l'impression de rectifier le défaut originel. Le but du toilettage est de donner une attache d'oreille très fine pour respecter le standard.

> Les épaules

Un cocker doit être bien angulé au niveau des épaules. Il convient de bien les dégager, car on ne peut les laisser dans une masse de poils. Comme on aura tondu du côté extérieur des oreilles, il faut continuer le toilettage avec les ciseaux à désépaissir jusqu'au niveau des épaules. Commencer par le haut de l'épaule, ciseaux en direction du haut de l'épaule, utiliser la carde pour brosser, et recommencer l'opération plusieurs fois. Attention, on peut optiquement modifier, voire améliorer, une angulation.

> Le dos

• Un poil lisse

Le poil du dos doit être lisse, il demandera ainsi peu d'entretien. Il faut régulièrement enlever le poil mort qui reste sur le dos : utiliser un couteau à trimer, doucement, ou ouvrir les ciseaux à désépaissir et, avec la partie constituée de crans, passer de la tête à la queue en appuyant avec les ciseaux. Tout le poil mort restera ainsi dans les ciseaux. Pour un poil normal, ce toilettage du dos suffit. Le poil frisé ou crépu sur le dos est une faute, donc attention quand vous achetez un chien. Même si vous ne voulez pas emmener votre chien à des expositions, le toilettage d'un poil frisé ou crépu demande plus de travail.

• Évitez les « raccords »

Le poil sur le dos n'aura jamais une longueur correspondant à celle des franges. Cela peut passer pour une évidence, mais il n'est jamais inutile de le rappeler. Essayer de ne pas faire une jointure nette entre les poils du dos courts et les franges. Utiliser les ciseaux à désépaissir, travailler dans le sens de la longueur du poil (vers le bas) pour éviter que le chien ne porte une jupette. Entre 7 et 10 mois, le cocker américain adolescent voit son poil de bébé mourir,

cela fait du volume. Pendant cette période, le chien ressemble un peu à un balai-brosse, le poil a poussé dans tous les sens. Il faut donc tirer à la main sur le poil mort. Si le poil ne part pas, il n'est pas assez mûr pour cela, alors n'insistez pas…

• Une énorme erreur

Il faut éviter à tout prix de tondre le dos. Si vous tondez une seule fois le dos du chien, le poil va repousser frisé. Tondre le dos d'un cocker est une énorme erreur de toilettage et ne correspond aucunement au toilettage standard. Si vous devez amener votre chien chez un toiletteur, renseignez-vous sur ses aptitudes à toiletter le cocker américain.

Certains toiletteurs sont plus habitués à des caniches, ou à d'autres chiens du même type, et veulent absolument tondre le dos de tout animal passant à leur portée. Alors n'hésitez pas à demander au toiletteur la technique qu'il emploie, et méfiez-vous du toiletteur qui manie nerveusement sa tondeuse, lame numéro 20, en regardant votre chien du coin de l'œil avec un air gourmand. Si le toilettage est raté dans la longueur du poil, ce n'est pas grave, le poil repoussera.

> Le poitrail

Tondre doucement le poitrail, puis avec les ciseaux dirigés vers le bas, désépaissir pour donner cette impression de longueur sans cassure et sans avoir trop de volume. Désépaissir pour faire ressortir que l'encolure est bien insérée dans l'épaule. On peut donner cette impression en travaillant sur le poitrail et sur le haut de l'épaule. Le ventre doit être brossé régulièrement. Une fois que le chien est complètement toiletté, on peut le sculpter et couper légèrement les poils sur la ligne du

Ch. Very Vigie She Is Black and Blue.

Quelques conseils pour l'entretien du cocker

Les cils doivent être raccourcis, laisser environ 3 cm. Des cils trop longs peuvent faire un œil tombant. À chaque toilettage, coupez les cils. Quand vous toilettez le chanfrein, n'oubliez pas de bien raser les poils situés à l'extrémité intérieure de l'œil (les débris de l'œil, les humeurs s'accumulent à cet endroit), pour que le liquide oculaire puisse bien s'écouler.

À noter que, si pendant un certain temps vous ne pouvez vous occuper du poil de votre chien avec une attention normale, vous avez la possibilité d'huiler le chien : il existe des produits spéciaux qui forment une protection autour du poil du chien. L'apparence extérieure est moins belle, car le chien est huilé, mais cela évite la multiplication des nœuds dans les poils.

ventre. On peut aller jusqu'à rectifier optiquement la hauteur d'un chien, si l'on est habile. Les flancs doivent être épilés.

> La queue

Ne jamais tondre le dessus de la queue, mais tondre le dessous. L'extrémité de la queue doit être arrondie aux ciseaux. La jointure queue-dos doit être agréable à l'œil : désépaissir en prenant les ciseaux pointe direction tête, dans le sens inverse du poil. Si le chien a des franges qui frisent un peu, on peut les travailler aux ciseaux à désépaissir. Le dessous de la queue tondu, dégager complètement l'anus à la tondeuse pour une meilleure hygiène. Passer la carde sur les cuisses. Garder le poil à l'intérieur des cuisses.

> Les pieds

• Le point de repère

Selon les juges, les pieds sont un point de repère primordial pour voir si un chien a été bien ou mal toiletté. Les pieds sont assez difficiles à toiletter, ils seront en quelque sorte la marque de fabrique du toiletteur. Le résultat peut être très spectaculaire. Il faut donner l'impression que le chien est monté sur roulettes. Quand le chien marche, il doit sembler voler. Donc, il faut lui sculpter une forme aérodynamique, en transformant ses pieds.

• Une opération délicate

Les pieds ont originellement une forme de « moonboots », il faut leur donner du volume et une forme arrondie. Alors attention à ne pas couper trop les poils, il faut prendre comme mesure les ongles, en dégageant complètement les poils autour, sur la hauteur. À cette fin, brosser les poils à l'envers et couper sur la hauteur en arrondi. Cette opération nécessite une expérience certaine. Prendre des ciseaux longs et incurvés pour parfaire l'arrondi. Il faut garder de 7 à 8 cm de hauteur de poil. On doit couper les poils au niveau des ongles, mais sans jamais les voir. Couper les ongles relativement courts pour faire de jolies pattes, avec une

Ch. Derano's Avalanche.

pince à ongles pour chien (une guillotine). Nettoyer complètement la plante des pieds avec des ciseaux pour enlever tous les poils. Couper les poils entre les coussinets avec des petits ciseaux droits.

> Les pattes

Pour les pattes avant, bien faire les arrondis en coupant les poils. Pour les pattes arrière, bien placer son chien, la plante des pieds à plat sur la table. Prendre la bonne angulation, et arrondir comme pour les pattes avant, aux ciseaux longs et pleins des deux côtés. Puis faire une jointure pour marier l'angulation et le haut du pied.

> La finition

Une fois le chien toiletté, prenez le temps nécessaire pour regarder votre œuvre et ajuster le toilettage. On peut maintenant enlever un peu de longueur à la ligne de ventre. Quand on met son chien en position debout, il ne doit y avoir aucune ligne marquée à la tondeuse comme pour un caniche. Tout doit être effectué avec pondération, pour donner au chien des lignes naturelles.

Le toilettage du chiot

Il faut commencer à toiletter le chiot assez tôt, vers 6 semaines. Il est quasiment impossible de voir la tête qu'aura un chiot si on ne le toilette pas. Le poil est quand même relativement long. Sans faire un grand toilettage, on peut habituer le chiot au bruit de la tondeuse et du séchoir. Après l'avoir préalablement brossé et lavé pour la première fois, le toilettage consiste à tondre la tête, l'extérieur et l'intérieur des oreilles, le museau, etc. On doit l'habituer à se mettre en position sur la table de toilettage. Il faut recommencer l'opération à 12 semaines.

LES PAPIERS DU COCKER AMÉRICAIN

Comme tout chien de race, le cocker doit disposer de certains documents pour être reconnu comme tel. Ils lui permettront, outre une protection indispensable en cas de fugue ou de vol, de concourir et de se reproduire dans le cadre très strict du standard. Un cocker doit disposer de quatre documents officiels : l'attestation de vente, le certificat de naissance, le certificat de tatouage et le carnet de vaccination.

L'attestation de vente ou de donation

L'attestation de vente ou de donation prouve la validité de la transaction. Elle est signée par les deux parties, acheteur et vendeur, donateur et légataire.

> Les mentions

Elle doit mentionner légalement :

– la date de la vente ou de la donation ;

– la date de la livraison ;

– l'identité du chiot (la race, le sexe, le nom, la date de naissance, le numéro de tatouage, le numéro d'inscription au LOF du chiot ou du chien) ;

– le prix de vente (le mode de règlement, si règlement il y a) ;

– le nom des parents et leurs numéros de LOF (père et mère du chiot) ;

– les noms et adresses des vétérinaires respectifs choisis par le vendeur et l'acheteur pour assurer le diagnostic en cas de vices rédhibitoires.

> Les vices rédhibitoires

Le numéro d'inscription provisoire au LOF peut ne pas figurer sur cette attestation de vente car, le chiot étant âgé de 2 mois et demi, l'éleveur n'a en général pas reçu le certificat de naissance. Dans ce cas, vous aurez un numéro de dossier à la place du numéro provisoire de LOF. Par ce document, vous êtes protégé par la loi du 22 juin 1989 et le décret du 28 juin 1990 relatifs aux vices rédhibitoires dans les ventes ou échanges d'animaux domestiques (voir encadré page 101).

La garantie légale des vices rédhibitoires

La loi du 22 juin 1989 définit les maladies et tares génétiques, qui peuvent être considérées comme vices rédhibitoires et sont donc l'objet d'une garantie de la part du vendeur.

« Sont réputés vices rédhibitoires, pour l'application des articles 284 et 285 aux transactions sur les chiens :

– la maladie de Carré ;

– l'hépatite contagieuse (maladie de Rubarth) ;

– la parvovirose canine ;

– la dysplasie coxofémorale : en ce qui concerne cette maladie, pour les animaux vendus avant l'âge de 1 an, les résultats de tous les examens radiographiques jusqu'à cet âge sont pris en compte en cas d'affection résultant de vices rédhibitoires ;

– l'ectopie testiculaire pour les animaux âgés de plus de 6 mois ;

– l'atrophie rétinienne. »

(Extrait de l'article 285)

> Les conditions particulières

Les conditions particulières de la vente doivent aussi figurer sur l'attestation de vente ou de donation. Dans le cas où vous voudriez acheter un chien d'exposition, vous devez vérifier si le chien est garanti à la confirmation. Généralement, les chiens de compagnie ne le seront pas. Quelques éleveurs vous rembourseront une partie du chien s'il n'est pas confirmé. Sachez que ce n'est nullement une obligation. Chaque partie concernée, acheteur/éleveur, donateur/légataire, devra garder un exemplaire de l'attestation de vente.

Le certificat de naissance

> La déclaration de naissance

La déclaration de naissance doit être effectuée par l'éleveur ou le propriétaire de la chienne au plus tard deux semaines après la mise bas. Seuls la date de naissance, le nombre de chiots et leur sexe y sont mentionnés. L'inscription au LOF, en application du décret du 26 février 1974, est à envoyer à la SCC dans un délai de six mois après les vaccinations et le tatouage. Dès réception, la SCC remet les certificats de naissance.

> Les mentions

Le certificat de naissance certifie l'origine du chiot : on y trouve le nom et l'adresse de l'éleveur, le nom des parents du chiot, grands-parents et arrière-grands-parents, la généalogie sur trois générations. Certaines récompenses, les titres de champions, la cotation des géniteurs, y sont mentionnés.

Ce document est donc la preuve de l'inscription provisoire du chiot au LOF. Dès sa réception, l'éleveur vous enverra le certificat de naissance. Il n'a pas valeur de pedigree.

> Un document provisoire

Le certificat de naissance est un document provisoire. Lorsque le chien sera adulte, ce document sera remplacé par le pedigree après un examen de confirmation. Le cocker n'aura son pedigree définitif qu'à partir de l'âge de 12 mois.

S'il est accepté à la confirmation, il recevra son pedigree définitif et pourra engendrer des chiots inscrits au LOF.

Le certificat de tatouage

Le certificat de tatouage, obligatoire et enregistré à la SCC, véritable carte d'identification du chien, est la preuve que vous en êtes le propriétaire.

> La loi

L'identification du chien de race par tatouage est étendue en France à tous les chiens faisant l'objet d'un transfert de propriété, à quelque titre que ce soit (vente, adoption, don entre particuliers), selon l'arrêté du 16 février 1971 (modifié le 28 juillet 1971).

> L'utilité

Cette mesure, destinée à réduire le nombre de chiens en divagation, permet aussi de faciliter considérablement les recherches si le chien se perd. À noter également : le tatouage préserve le chien de l'euthanasie en cas de mise en fourrière et favorise sa restitution au maître, il évite ainsi toute contestation sur l'identité. Le tatouage des chiens est obligatoire dans les départements atteints par la rage, dans les campings, les centres de vacances et pour toute participation à un rassemblement de chiens.

Les chiens capturés sur la voie publique, dans un département atteint par la rage, sont abattus s'ils ne sont pas vaccinés et tatoués. À noter que la vaccination antirabique est obligatoire pour se rendre en Corse ou dans les DOM-TOM, et pour tout voyage à l'étranger.

> Le document

Sur la carte d'immatriculation par tatouage au Fichier central des animaux de l'espèce canine seront mentionnés les nom, adresse et numéro de téléphone du propriétaire. Les changements ultérieurs (de maître ou d'adresse) sont absolument gratuits : l'envoi à la SCC se fait par carte T (dispensée d'affranchissement), le renvoi d'une nouvelle carte à jour est également sans frais. Il ne faut surtout pas oublier de faire changer les coordonnées sur la carte de tatouage lors d'un déménagement, sinon votre animal préféré risquerait le pire lors d'une fugue passagère.

> L'« opération »

Le tatouage doit être effectué par un tatoueur homologué : un vétérinaire ou un tatoueur agréé par le ministère de l'Agriculture. L'opération se fera soit au dermographe (sous anesthésie générale), soit avec une pince. Un tatouage sur la face interne de la cuisse sera évidemment discret, tout en étant difficile à repérer du fait de l'importance de la robe du cocker américain. Depuis décembre 2001, cette identification peut être effectuée par l'implantation d'une puce électronique (ou transpondeur) effectuée par le vétérinaire.

Le carnet de vaccination

Un carnet de santé suivra votre chien tout au long de sa vie. Le vétérinaire devra y appliquer son tampon, le signer et y coller les vignettes des vaccins effectués. Une petite astuce consiste à lui demander d'inscrire également la date des rappels suivants pour éviter un malencontreux et dommageable oubli.

Le pedigree

Le pedigree remplace le certificat de naissance dès que le cocker américain a obtenu sa confirmation.

Aux États-Unis et en Grande-Bretagne, le pedigree est obtenu à la naissance. Aucun examen de confirmation ne vient étayer une simple constatation héréditaire. La France s'est

dotée d'une législation protectrice d'une véritable qualité de race. L'existence de la confirmation permet d'éliminer les sujets non conformes à la race.

> La confirmation

Elle est obtenue par un examen auquel vous pouvez inscrire votre cocker à partir de l'âge de 12 mois (sans limite supérieure).

• La démarche

La confirmation de votre chien doit être systématique si vous voulez le faire reproduire et voir ses chiots inscrits au LOF. Pour connaître les dates et lieux des séances de confirmation ou des expositions, vous devez en faire la demande auprès de la SCC ou du Spaniel Club français. Vous pouvez aussi vous renseigner auprès de la société canine de votre région. Elle vous informera des dates et des lieux de confirmation et joindra un formulaire à remplir. Faites ces démarches longtemps à l'avance : en général, vous devez retourner le formulaire d'inscription six semaines avant la date de l'exposition. N'oubliez pas que votre chien devra avoir un certificat de vaccination antirabique à jour au moment de la manifestation. Le Spaniel Club français organise ses propres séances de confirmation, une fois par mois, en région parisienne.

• L'objectif de la confirmation

L'objectif de l'examen de confirmation est de refuser le pedigree aux chiens présentant des tares génétiques et des défauts importants du point de vue de la morphologie et du comportement. Le rôle de la confirmation n'est pas de distinguer les reproducteurs paraissant les plus prometteurs. La seule qualité d'un sujet confirmable est de ne pas présenter de défauts très graves, ni de tares héréditaires visibles. Tout spécimen montrant un seul des points de non-confirmation n'est pas confirmable.

• L'examen

Le jour de la confirmation, le propriétaire doit se munir de la carte de tatouage, du certificat de naissance, du formulaire d'examen de confirmation rempli au préalable, qu'il remet au juge de la SCC en même temps qu'il lui présente le chien.

Après analyse, l'expert indique ce qu'il pense du cocker américain : apte (très bon, bon, assez bon), inapte, ajourné.

• Les mentions

Mention apte

La confirmation est accordée. Le propriétaire du chien adresse à la SCC le formulaire d'examen de confirmation et le certificat de naissance original complétés et signés par l'expert-confirmateur, ainsi que le paiement des droits d'inscription. La SCC effectue alors les vérifications nécessaires et transmet pour accord le formulaire d'examen de confirmation au club de la race et procède à l'inscription du chien au LOF à titre définitif. Elle adresse alors au propriétaire le pedigree, sur lequel figure le numéro du tatouage et le numéro LOF du chien, après confirmation.

Mention inapte

Le juge justifie sur la feuille d'examen les raisons qui, à ses yeux, empêchent la confirmation du chien. Si un désaccord apparaît entre le juge et le propriétaire, ce dernier dispose de deux mois pour faire appel auprès du club de la race.

Moyennant une caution (110 euros), le chien est alors présenté devant un jury de trois juges, dont un choisi par le contestataire. Ce jury prendra l'ultime décision. Si le chien est de nouveau déclaré inapte, la SCC garde la caution.

Mention ajourné

Le juge a la possibilité de repousser l'examen de confirmation s'il a un doute sur la croissance normale du cocker américain ou si le chien n'est pas au mieux de sa forme.

> Le document

Le pedigree ainsi obtenu est un document définitif sur lequel figurent toutes les mentions d'identité du chien : nom, race, sexe, date de naissance, nom du propriétaire, nom du producteur, numéro d'inscription au LOF, ainsi que son arbre généalogique.

Il est indispensable de ne pas confondre le certificat de naissance et le pedigree, la fraude naît de la confusion entretenue volontairement sur ces termes. Lorsqu'un marchand propose un chiot avec un pedigree à un acheteur de chiens de race, il existe deux solutions : soit il cherche à tromper, soit le chiot est né à l'étranger.

> Le cas du chiot importé

Dans ce second cas, le chien ayant un pedigree étranger doit être confirmé au titre de l'importation, et obtenir ainsi un numéro de LOF. Il doit venir d'un des 44 pays adhérents à la FCI et être identifié par un tatouage. Dans certains pays comme la Grande-Bretagne et les États-Unis, le pedigree comporte uniquement le nom des deux parents, il faut donc faire la demande d'un pedigree sur trois générations ou pedigree d'exportation. La confirmation au titre de l'importation est bien plus coûteuse (55 euros au lieu des 211 euros au titre de la descendance) et comporte un troisième formulaire à remplir (demande à la SCC du formulaire de confirmation au titre de l'importation).

> Le pedigree à l'étranger

Dans les pays voisins de la France, en Suisse et en Allemagne, le chiot est doté dès sa naissance d'un pedigree définitif. Les nouveaux propriétaires, dès leur acquisition d'un chiot, vont recevoir, outre l'attestation de vente et le certificat de vaccination, non pas un certificat de naissance comme en France mais un pedigree définitif. À partir de l'âge de 12 mois, le chien

La concession et l'usage d'un affixe

La concession et l'usage des affixes sont soumis à des dispositions strictes (extraits du règlement de la **Fédération cynologique internationale** relatif aux affixes – article 7 du 19 août 1981) :

– les chiens ne peuvent pas porter d'autre affixe que celui de leur éleveur ;

– est considéré comme éleveur le propriétaire de la chienne au moment de la saillie ;

– aucune modification ne pourra être apportée au nom d'un chien après la publication de l'affixe.

Après l'homologation, l'affixe ne peut plus être modifié. Il y est mis fin, en principe, avec le décès de son titulaire.

Les dispositions particulières de la **Société centrale canine** concernant les affixes sont :

– l'éleveur doit s'engager à ne produire que des chiens de race inscrits au LOF ou au livre d'attente ;

– il doit soumettre au contrôle de la SCC la totalité des chiens de son élevage, respecter les directives d'élevage des associations des races qu'il produit ;

– il doit faire inscrire au livre généalogique la totalité des produits de son élevage, c'est-à-dire respecter la réglementation du ministère de l'Agriculture : géniteurs confirmés, déclaration de saillie dans les quatre semaines, déclaration de naissance dans les deux semaines, tatouage de la portée à l'élevage avant dispersion.

ne passera pas une confirmation mais une sélection d'élevage. À ce moment-là, il sera déclaré apte ou inapte à l'élevage. Pour garantir sa fonction de reproducteur, le chien devra, pour la Suisse, avoir passé cette sélection d'élevage avec succès et aussi être déclaré comme non porteur de tares oculaires. Quand ces deux éléments seront remplis, le chien pourra être utilisé comme reproducteur.

Les termes ne sont pas les mêmes qu'en France mais la finalité reste identique. Un chien n'ayant pas passé cette sélection d'élevage ne peut pas être utilisé, et les descendants de ce chien n'auront pas de pedigree. Les termes sont différents, les façons de procéder différentes mais finalement le but est le même : le chiot sera réexaminé à l'âge adulte par un juge et déclaré apte ou inapte à l'élevage. Dans certains pays (toujours l'Allemagne et la Suisse), on demande en plus un certificat vétérinaire pour être sûr que le chien n'est pas porteur d'une tare héréditaire non visible à l'œil comme un problème de dysplasie ou de tare oculaire. C'est une sécurité supplémentaire pour l'acheteur. Cette démarche sera certainement importée en France.

Le nom du chien

> La réglementation

Pour un chien inscrit au LOF, le nom doit être choisi en fonction de l'année de naissance, qui en définit la première lettre. Cette lettre est attribuée par la SCC dans le cadre de l'Union nationale des livres généalogiques à laquelle elle est affiliée. Par exemple, les chiots nés en 2002 ont un nom commençant par la lettre T, ceux nés en 2003 doivent être inscrits sous un nom commençant par la lettre U. Les lettres K, Q, W, X, Y, Z, ne sont pas utilisées.

> L'affixe

Si l'éleveur est le premier détenteur du chien, le nom sera suivi d'un affixe.

Certains chiens ont des noms à rallonge comme par exemple « Pétillante petite pluie d'or de la Vigie ». Le propriétaire n'a pas obligatoirement voulu anoblir ses protégés, il utilise simplement son affixe. Cette indication figurant après le nom du chien est la marque de l'éleveur qui l'a fait naître. Certains affixes sont devenus des labels de qualité. L'affixe est considéré comme une propriété exclusive et est déposé à la FCI.

La Société centrale canine

Le cocker, comme l'ensemble des races présentes sur le territoire français, bénéficie de l'attention des services de la SCC.

Véritable institution, la SCC œuvre depuis plus d'un siècle pour l'amélioration constante des races, dans un souci qualitatif de morphologie et de comportement.

> Un peu d'histoire

La Société centrale canine est fondée en 1882, avec deux objectifs majeurs : améliorer les

races canines françaises, acclimater en France les meilleures races canines étrangères. La première exposition canine de la SCC est organisée aux Tuileries. L'année 1885 marque l'ouverture du Livre des origines français comportant 29 sections de races ; 200 chiens seront inscrits la première année.

La SCC crée la Fédération cynologique internationale en 1910. Faire accepter les races françaises hors de nos frontières et faire introduire en France des races étrangères supposait en effet la mise en place d'un organisme international permettant la reconnaissance mutuelle des livres généalogiques des pays membres et la coordination de leurs actions.

Plus proche de nous, avec l'avènement du marché unique européen, hors de tout intéressement, la SCC a pour mission, au sein de la FCI, de faire valoir la qualité de l'élevage canin français sur le plan international ; un travail de longue haleine... La SCC est reconnue d'utilité publique en 1914 grâce à l'efficacité de ses actions au service de l'élevage canin français.

> Le fichier national canin

En 1971, la SCC est de nouveau agréée par le ministère de l'Agriculture pour organiser l'identification des chiens par tatouage et créer le fichier national canin. Le fichier national permet d'estimer le cheptel canin en France et d'identifier les chiens tatoués ; 50 000 chiens perdus sont restitués à leurs propriétaires chaque année grâce à lui. Un service Minitel, strictement réservé aux professionnels, vétérinaires, fourrières, SPA, mairies, pompiers et police, génère plus de 5 000 consultations par mois.

Le Livre des origines français

Le Livre des origines français est inscrit en 1957 au registre des livres généalogiques agréés par le ministère de l'Agriculture. Le LOF, propriété de la SCC, acquiert ainsi valeur de livre officiel français, et les pouvoirs publics reconnaissent alors la qualité de document officiel aux pièces délivrées par la SCC (certificat de naissance, pedigree). La SCC est admise au conseil supérieur de l'élevage en 1965. Un décret du Premier ministre agrée la SCC comme fédération habilitée à tenir le Livre généalogique canin français en 1966. La SCC fédère actuellement 92 associations de races, 1 200 juges et experts-confirmateurs, 25 000 éleveurs, 64 sociétés régionales et territoriales et 6 000 clubs d'utilisation. Soit un total de 550 000 adhérents.

Chien perdu, chien trouvé

Si vous avez perdu votre chien, contactez le fichier national (tél. : 01 49 37 54 54) et indiquez le numéro d'identification du chien ainsi que son identité.

À l'inverse, si vous trouvez un chien, vérifiez qu'il est bien tatoué et informez immédiatement le fichier national à ce même numéro.

Pour aller plus loin

Le club de race

Du fait du puissant engouement des chasseurs français pour les spaniels à la fin du XIXe siècle, un club de la race, le Spaniel Club français (SCF), fut créé en 1898 par Lamaignaire et Paul Caillard, dans l'objectif de promouvoir les différentes variétés. Il est à ce titre le doyen des clubs de races français. Présent un siècle plus tard sur l'ensemble du territoire français grâce à des délégués régionaux, il accueille l'ensemble des amateurs et éleveurs désireux de maintenir un esprit et des races de qualité.

La présentation du club

Le SCF a en charge la sélection des huit variétés de spaniels reconnues par la FCI : cocker anglais, cocker américain, springer, welsh, sussex, irish water, clumber et field. L'originalité du club réside dans la diversité des races accueillies. Elles vont des cockers américains recherchés comme animaux de compagnie aux chasseurs invétérés du type springer. Le cheptel actuel du club compte près de 60 000 sujets dont plus de la moitié d'english cocker spaniel. Le cocker anglais reste le plus répandu, bien qu'il ait eu à subir les aléas de la mode, avec des effectifs de naissances passant de 7 000 dans les années 1970 à une stabilisation autour de 2 800 naissances actuellement. Fort heureusement, l'examen de confirmation institué par la SCC a eu pour conséquence d'éliminer de la reproduction tous les sujets douteux sur le plan caractériel. Des conseils quant à la tarification peuvent vous être fournis, mais sachez que pour un chiot cocker américain de bonne origine, il faut compter environ 1 000 euros.

L'organisation du club

Le SCF est administré par un comité de 15 membres élus pour six ans, et renouvelable par tiers tous les deux ans. Le bureau est constitué d'un président, de quatre vice-présidents, d'un trésorier et d'un secrétaire général secondé par un secrétaire administratif.

Le SCF est représenté dans les régions par des délégués, chargés notamment d'assurer la décentralisation de ses actions. Chaque délégué s'engage lors de sa nomination à organiser une fois par an une manifestation afin de guider les amateurs de leur région.

Les activités du club

Par ces activités, le club essaie de promouvoir auprès du grand public l'ensemble des races de spaniels et cockers qu'il représente.

> Le yearbook

Depuis 1993, le SCF publie son *Yearbook*. Il regroupe les standards des spaniels, les coordonnées des élevages, la liste des champions de travail, de beauté et de conformité au standard.

Le célèbre et regretté handler brésilien Flavio Werneck, gagnant le 8e groupe à Longchamp.

L'objectif du club est de protéger le patrimoine génétique des races dont il a la responsabilité. Il doit faire connaître l'ensemble des spaniels, conseiller les propriétaires de cockers et mettre en rapport les futurs propriétaires avec des éleveurs consciencieux, professionnels ou amateurs, spécialistes de la race.

> Le bulletin du club

Le SCF publie une revue de grande qualité professionnelle, *Spaniels,* distribuée gratuitement aux adhérents trois fois par an. Véritable organe de communication et de liaison, chacun peut y trouver de nombreux renseignements sur le plan tant de la législation, de la réflexion sur l'évolution de la race que de la connaissance en matière de soins.

> La grille de sélection

Le club est responsable de la grille de sélection permettant la cotation des géniteurs. Il en assure le suivi, communiquant régulièrement à la SCC les niveaux de qualification attribués aux reproducteurs.

> Les manifestations

Le SCF organise un field-trial de printemps. Celui-ci se déroule dans une propriété close avec du gibier mort, comme le veut la réglementation hors saison.

Le SCF organise également des séances de confirmation. Cet examen permet une sélection fondée sur la « fidélité au standard » et un suivi des relations entre les éleveurs et les propriétaires favorables au maintien des qualités génétiques.

Le club organise le passage du test d'aptitudes naturelles (TAN). Le TAN consiste en un ensemble d'exercices exécutés devant un juge, destinés à s'assurer de la stabilité comportementale des sujets et du maintien de l'instinct propre à la race.

Le club participe à l'organisation d'une Nationale d'élevage avec l'attribution d'un CACS (Certificat d'aptitude au championnat de conformité au standard) et la recommandation des meilleurs reproducteurs, ainsi que de nombreuses spéciales.

> Le moteur de l'élevage des spaniels

Parmi l'ensemble des priorités du club, une très grande vigilance quant aux critères de sélection et de reproduction s'impose. La collaboration souhaitée, spontanée, entre les propriétaires, les éleveurs et les responsables du club n'est pas toujours si aisée à mettre en place. Elle doit être chaque jour renouvelée. Le club, par le nombre de ses adhérents et sa position parmi les plus grands, s'efforce de maintenir son éthique d'« amateurs éclairés » et son souci de « servir la race », et non pas les intérêts particuliers de tel ou tel producteur de machines à engranger de l'argent facile.

Les expositions

Avant tout, une exposition est une vitrine de l'élevage des chiens de race. Elle permet aux amateurs d'avoir un aperçu complet de la plupart des races existantes.

Devenir exposant

On expose afin de comparer son chien à ses autres congénères, par amour du jeu. La participation à une exposition est un jeu, sans être un sport. Il faut toutefois avoir l'esprit sportif, être beau joueur et aimer la race.

> La motivation

Certains participants aux expositions veulent uniquement gagner, ils sont un jour ou l'autre déçus. D'autres font de brèves apparitions, ils ne supportent pas de perdre. Votre chien, bien entendu, est le plus beau chien du monde, mais êtes-vous prêt à entendre la vérité de la bouche d'un juge ? Vous devez avoir envie de gagner tout en sachant que vous avez plus de risques de perdre.

Alors, considérons l'exposition comme un jeu. Pour être heureux, le chien comme le maître ne seront pas obligés de s'exposer au public. Le cocker américain, avec son côté spectaculaire, attire énormément d'amateurs

L'auteur présentant le multichampion Mr M'Bassador de la Vigie.

aux expositions. Si vous voulez commencer ce parcours du combattant avec un cocker américain, vous vous rendrez vite compte de la difficulté de présenter cette race. Elle demande énormément d'entretien et de patience.

> Les débuts

Si vous voulez vous faire la main, commencez par de petites expositions. Il vous sera plus facile de gagner dans une exposition locale à CACS que de gagner au championnat de France. L'ambiance y sera plus détendue, et vous pourrez bénéficier de l'expérience des autres amateurs.

Exposer est un passe-temps passionnant. Vous pourrez rencontrer vos coreligionnaires pour parler de votre passion. Le circuit des expositions nationales et internationales vous emmènera à travers le monde. Le cocker américain est une star, ne l'oubliez pas ! Mais restons modestes, après quelques mois, vous pourrez participer à une exposition d'envergure nationale, sans trop vous prendre au sérieux bien sûr.

> Une question de choix

Le panache du cocker américain dépend non seulement de son caractère mais aussi de sa fourrure. Si votre chien est mal toiletté, mal entretenu, plein de nœuds, évitez tout engagement. Si une coupe de 3 cm a été effectuée sur votre cocker trois mois avant la date choisie, abstenez-vous. Vous ne pourrez l'exposer avant dix-huit mois car le poil doit repousser. Il faut donc bien cibler ce que l'on veut dès le plus jeune âge du chien. Si l'on souhaite exposer, il faut planifier la mise en forme (dans tous les sens du mot) du cocker. Si l'on ne veut pas brosser et entretenir son chien, il sera beau comme cela, sans faire d'expositions. La décision vous appartient…

> Un participant gai

Après les facultés psychologiques du maître, celles du chien sont essentielles lors de l'exposition. Un chien timide, peureux ne correspond pas au standard. Il doit être gai, joueur et avoir du plaisir à être regardé. Un chien qui entre dans un ring, marche en pensant haut et fort « c'est moi le meilleur » et s'amuse tout le temps pourra prétendre éventuellement à un titre de champion. Le maître dont le chien tire la laisse pour s'enfuir devrait prendre le même chemin… pour aller l'entraîner !

> La préparation

• Les conseils de l'éleveur

La préparation pour l'exposition est essentielle. Le chien doit avoir « le potentiel en pattes » pour gagner. Un bon éleveur se doit d'inciter les bons chiens à être exposés, et surtout d'éviter de pousser les mauvais. Il est très difficile pour un particulier de se rendre compte des capacités de son animal. Il doit donc faire confiance à son éleveur, si celui-ci en est digne.

• Un bon départ

L'investissement en temps et en argent est considérable, évitez donc de perdre l'un et l'autre. Quand un amateur a fait le mauvais choix, il a souvent deux façons d'exprimer sa déception : soit il pleure dans le ring, ce qui met mal à l'aise le juge, soit il est agressif et considère le juge comme un imbécile. Il ne faut donc absolument pas pousser les gens à exposer, quand on sait d'avance que le chien n'a aucune chance. Le futur propriétaire doit demander à l'éleveur un chiot d'exposition s'il veut devenir exposant. Alors, amateur, si vous voulez devenir professionnel, mettez-y le prix et soyez beau joueur.

Choisir un chien d'exposition

Avant de choisir un chien d'exposition, si vous êtes néophyte, il vous faut un bon contact avec l'éleveur.

> La carte de visite de l'élevage

Un excellent éleveur n'aura pas envie de voir un de ses mauvais chiens sortir en exposition. L'affixe de l'élevage suit le chiot durant toute sa carrière. Il vous serait alors facile de souligner votre déception, lors des multiples expositions nationales et régionales. De plus, beaucoup de gens, lors de l'achat du petit cocker, ne disent pas réellement ce qu'ils attendent de leur chiot. Ils sont parfois déçus du résultat, mais il est trop tard. À chacun d'annoncer clairement ses desiderata. Si vous êtes décidé à acquérir un chien d'exposition tout en acceptant de patienter, annoncez-le tout de suite. Vous attendrez peut-être plus longtemps, mais la réussite est au bout du chemin, car la future star, bête de scène, sera la carte de visite de votre éleveur.

> Les atouts physiques

Lors de l'achat du chiot, vérifiez bien qu'il ne possède aucun défaut rédhibitoire, type monorchidie. Le standard vous sera d'une aide précieuse. Le caractère et les facultés physiques du chien (une tête bien ciselée, une ligne de dos solide, légèrement inclinée, l'encolure) sont à vérifier. Si vous remarquez dans une

portée, un chiot au poil frisé ou un chiot sans poils, évitez de jeter votre dévolu sur lui. On peut, parfois, acheter un chien de 3 mois, sans défaut majeur, à fort potentiel d'exposition issu des meilleurs géniteurs ; à cet âge, on ne peut ni prédire la taille adulte, ni avoir de certitude en ce qui concerne la deuxième dentition.

> L'attitude

Les caractéristiques physiques évoluent mais l'attitude trompe rarement. L'élégance naturelle des champions, leur façon de nous dire dès l'enfance « je suis le plus beau », seront parmi les éléments clés de la prise de décision.

> Un choix sûr

Enfin, si vous désirez ardemment un chien d'exposition, sans prendre aucun risque, attendez qu'il ait 9 mois, qu'il soit entraîné, et payez trois fois le prix normal d'un chiot.

Conseils pour une exposition

> Le toilettage

Si l'on veut faire des expositions à un bon niveau, le chien doit être brossé régulièrement toute l'année, baigné toutes les semaines pour que le poil pousse bien et ne fasse pas de nœuds. Les cockers seront toilettés une semaine avant l'exposition, pour éviter que l'on ne voie les marques de tondeuse et de ciseaux. La veille de l'exposition, vous pouvez vous atteler aux finitions et au bain.

> L'entraînement

Vous devez aussi apprendre au chien à marcher. Il doit être entraîné avec une laisse d'exposition (délaissez le gros collier à clous). L'entraînement se pratique à la maison dès l'âge de 5-6 mois. Il lui faudra marcher en triangle, être

Le nécessaire de l'exposant

Lors d'une exposition, n'oubliez pas de vous munir du certificat de vaccination antirabique ; il doit être présenté aux services vétérinaires à l'entrée de l'exposition. Un tel oubli, et vous resteriez à la case départ.

La veille de l'exposition, pensez à prendre le numéro d'exposant que vous avez reçu à la maison, à préparer une gamelle pour le chien, une bouteille d'eau, une couverture à mettre dans sa cage, une table de toilettage, tous les outils pour fignoler le toilettage. Une Thermos de café, une petite chaise (on est souvent debout pendant de longues heures) sont les bienvenues. Et enfin, n'oubliez pas votre cocker américain. Vous n'êtes que l'accompagnateur, pas le compétiteur !

mis sur une table, s'habituer à être touché par des personnes inconnues. Si le chien a déjà vécu ces expériences, il ne sera pas surpris le jour venu. Il doit marcher la tête haute, l'air majestueux. Avec des petits jouets ou un petit peu de nourriture, on peut réussir à lui inculquer cette démarche qui devra paraître naturelle. L'entraînement doit se faire sous la forme d'un jeu, pour ne pas le dégoûter à vie. Comptez à peu près une demi-heure par chiot par semaine, caressez-le énormément, amusez-vous avec lui. Quand par la suite il verra la laisse, elle signifiera pour lui jeu et plaisir.

> La socialisation

Le plus beau chien du monde ne vaut rien en exposition s'il est mort de peur à la vue de la foule. Pendant son adolescence, pour mettre toutes les chances de votre côté, emmenez-le lors de vos déplacements, dans la voiture, les centres commerciaux. Faites-lui entendre toutes sortes de bruits, l'aspirateur, la radio, la télévision. Jouez beaucoup avec lui pour établir une complicité. Et surtout, faites en sorte que les expositions soient un amusement pour chacun. Donnez-lui des gâteries, félicitez-le même s'il arrive dernier, lors de ses premiers pas, sinon les expositions deviendront un calvaire.

Le déroulement d'une exposition

Participer à une exposition nécessite du temps. Les concurrents entrent à 8 heures dans le lieu d'exposition et ne peuvent sortir avant 17 heures. Contactez votre éleveur, il participera peut-être à la même exposition et vous aidera à préparer votre cocker. En exposition, il concourt pour un qualificatif et un classement. Vous pouvez également participer à une exposition pour faire confirmer votre cocker.

> Un conseil pratique

L'exposition se déroule, suivant la saison, soit dans une salle des fêtes soit à l'extérieur. Lors d'une journée pluvieuse, évitez que le chien n'arrive complètement trempé avant d'être jugé. Vous devez alors prévoir une cage fermée en plastique et une couverture. Même si des cages sont mises à disposition par l'organisation, la plupart des présentateurs de cockers apportent la leur. S'il pleut, les cages mises à disposition dans les expositions sont en treillis ; le chien prend l'eau et vos espoirs de gagner aussi.

> Le jour « J »

À votre arrivée dans le hall d'exposition, on vous remettra un catalogue où sera indiqué le numéro de votre chien, identique au numéro inscrit sur la cage. Épinglez sur votre veste le carton numéroté. C'est alors que monte le stress et commence l'attente. Renseignez-vous sur l'heure de passage de votre vedette, repérez

Ch. Secret d'État de la Vigie présenté par Marie-France Sequino.

où est le ring. On peut arriver le matin et passer le soir, et il apparaît que le cocker est souvent plus patient que le maître. Dans le ring, trois personnes sont présentes : le juge, le secrétaire chargé de noter les appréciations du juge et le commissaire de ring.

> Le jugement

L'organisation d'une exposition répond à un cahier des charges rigoureux. L'œil impartial des juges s'impose aux amateurs et professionnels. Les jugements sont sans appel et définitifs une fois prononcés. Les chiens peureux ou agressifs seront automatiquement éliminés par le juge.

• L'entrée sur le ring

En France, les classes se différencient par la couleur, l'âge et le sexe. Tous les chiens inscrits dans le catalogue dans la même classe vont se trouver en même temps dans le ring. Le propriétaire entre dans le ring avec son chien en laisse et son numéro porté de façon visible. Chacun se classe par numéro de chien. On met les chiens en statique : le propriétaire est à genoux. Il tient la tête du chien avec la main droite et relève la queue du chien avec sa main gauche. En statique, assurez-vous que les pieds sont correctement placés afin de donner au juge une image optimale de votre chien.

• La vision d'ensemble

Avant de passer à l'examen individuel, le juge peut vous demander de faire un tour du ring. On tourne alors avec la laisse sur sa gauche. On évite de se mettre entre le juge et le chien. Utilisez l'ensemble du ring sans gêner les autres chiens. Attention au rythme de la course, elle doit être adaptée à la taille du ring pour ne pas déséquilibrer l'allure de votre chien. Ralentissez sa course dans un petit ring. Le juge vous dira d'arrêter puis examinera chaque sujet sur la table.

• Le jugement individuel

En statique

Le propriétaire, à l'appel de son numéro, met son chien sur la table. Il le positionne avec les deux pattes avant bien parallèles. Le juge examinera le chien, dictera son rapport à la personne qui officie en tant que secrétaire.

Chaque chien sera l'objet d'un commentaire écrit. Il jugera l'allure générale, la forme de la tête, la dentition, l'encolure, le corps, la qualité du poil et le caractère de chacun.

Les allures

Puis le juge demandera au propriétaire de marcher avec son chien, en triangle et en ligne, au petit trot. Le triangle permet de contrôler les mouvements des membres antérieurs et postérieurs, la solidité du dos, la musculature de l'arrière-main, les hanches, le mouvement du fouet, la mobilité du corps, etc. La marche en ligne permet de vérifier le parallélisme de la démarche avant et arrière, la rectitude de la ligne de dos, le port de la tête, la forme de la croupe, l'attache et le port du fouet. Pendant la présentation, le chien devra toujours marcher bien droit, sans changer d'allure. Seront aussi observées avec minutie la position des épaules, la cage thoracique, une éventuelle boiterie. Il faut ensuite se remettre à sa place et attendre que le juge ait examiné tous les concurrents.

Cela peut être assez long, selon le nombre d'exposants.

• L'attribution des qualificatifs

Le juge donnera un qualificatif au chien, soit excellent, très bon, bon, suffisant ou insuffisant. Les qualificatifs les plus souvent donnés sont excellent et très bon. Une fois que tous les chiens seront jugés, le juge demandera aux propriétaires de positionner leur chien. On vous demandera peut-être de recommencer un des tests précédemment cités, jusqu'à ce que le juge procède à son classement.

• Le classement

Dans chaque classe, les quatre premiers seulement seront retenus, pour autant qu'ils aient obtenu la mention excellent ou très bon. Enfin, pour déterminer le meilleur, on les fera marcher seuls ou deux par deux, selon la décision du juge. Lors d'une exposition à CACIB (Certificat d'aptitude au championnat international de beauté), les gagnants reviendront avec les autres classes comme la classe champion, pour l'attribution du prix au meilleur chien.

Les différentes expositions

Chaque société canine régionale organise tous les ans deux sortes d'expositions : les expositions internationales et les expositions nationales. L'organisation de ces deux types de

Multichampion Truly Yours Regency présenté par Mia Ejarstad.

Les qualificatifs

Voici les définitions officielles décernées dans les expositions de conformité au standard.

Excellent (carton rouge)

Il est attribué à un chien se rapprochant de très près du standard idéal de la race (présenté en parfaite condition) réalisant un ensemble harmonieux et équilibré, ayant de la « classe » et une brillante allure. La supériorité de ses qualités devra dominer ses petites imperfections tout en conservant les caractéristiques de son sexe.

Très bon (carton bleu)

Il est attribué à un chien parfaitement typé, équilibré dans ses proportions, en bonne condition physique. Il lui sera toléré quelques défauts véniels, mais non morphologiques. Ce qualificatif ne peut récompenser qu'un chien de qualité.

Bon (carton vert)

Il est attribué à un chien possédant les caractéristiques de la race, mais accusant des défauts, à condition que ceux-ci ne soient pas rédhibitoires.

Assez bon (carton jaune)

Il est attribué à un chien suffisamment typé, mais sans qualités notoires ou, enfin, en mauvaise condition physique.

Les quatre meilleurs chiens seront classés s'ils sont qualifiés excellent ou très bon ; les autres recevront un qualificatif sans classement. Le premier prix ne pourra être décerné qu'à un chien ayant au moins obtenu le qualificatif très bon.

NB : dans les faits, une majorité de concurrents est classée excellent ou très bon. Les qualificatifs bon et assez bon sont beaucoup moins usités en dépit de leur définition officielle.

manifestations relève des sociétés régionales et non du SCF qui n'intervient ni dans le choix des juges ni dans le déroulement de l'exposition.

> Les expositions internationales

Lors d'une exposition internationale sont attribués : le CACIB (certificat d'aptitude au championnat international de beauté) par la FCI et le CACS (Certificat d'aptitude au championnat de conformité au standard) par la SCC. Ce type d'exposition rassemble de 1 500 à 3 000 chiens environ, sur un ou deux jours.

> Les expositions nationales

Elles sont destinées aux chiens de toutes races et mettent en compétition les CACS. Elles ont lieu sur une journée. Le terme national n'exclut absolument pas la présence de chiens étrangers.

> Le championnat de France

La SCC organise le championnat de France : cette exposition internationale a lieu une fois par an au Bourget et est la manifestation phare de l'année. Devenue une véritable référence européenne, cette exposition accueille chaque année quelque 50 000 visiteurs, 3 000 exposants de 17 nationalités, 5 200 chiens représentant 230 races, et 120 juges internationaux.

> Les spéciales de race

Le club de la race choisit parmi toutes les expositions celle qui sera une spéciale de race. Il désigne le juge alors que ce choix revient normalement à la société canine organisatrice. Une spéciale peut être une exposition nationale ou internationale.

> La Nationale d'élevage

Cette exposition nationale est aussi importante que le championnat de France. Le CACS est très convoité, il compte pour le titre de champion de France.

La Nationale d'élevage compte beaucoup plus de classes. Elle est la seule exposition permettant de présenter la classe des puppies (chiots âgés de 6 à 9 mois). C'est un bon exercice pour votre futur chien d'exposition. Les chiens de plus de 8 ans peuvent être présentés en classe vétéran. C'est toujours un plaisir de revoir les anciens champions. Ils sont la preuve du dynamisme et de la qualité de l'élevage.

Les classes d'engagement

Classe débutants : concerne les chiens âgés de 9 à 12 mois. Cette classe ne donne pas droit à un classement. Le juge formule simplement une appréciation sur le chien (par ordre décroissant : très prometteur, prometteur, assez prometteur).

Ch. Cotton Wood's Colleen O'Brien.

Classe jeunes : pour tous les chiens âgés de 12 à 18 mois (comptés au jour de l'ouverture de l'exposition). Cette classe donne droit à l'attribution d'un qualificatif et d'un classement, mais pas à celle de CACS ou de CACIB.

Classe travail : pour les chiens âgés de 15 mois au minimum et titulaires d'un carnet de travail. Cette classe peut concourir pour l'attribution du CACS ou du CACIB.

Classe ouverte : l'âge minimal dépend du type d'exposition (12 mois pour les expositions nationales, 15 mois pour les expositions internationales).

Dans les expositions nationales et internationales, la classe ouverte donne droit à l'attribution du CACS en concurrence avec la classe travail. Dans les expositions internationales, le gagnant du CACS concourt encore avec la classe champion pour l'attribution du CACIB. La classe ouverte concourt avec la classe travail pour l'attribution du CACS.

Ainsi, dans une exposition internationale, un chien âgé de 15 à 18 mois peut concourir en classe jeunes ou classe ouverte, sans toutefois être engagé dans les deux classes.

Dans une exposition nationale, un chien âgé de 12 à 18 mois peut concourir dans les mêmes classes. Le propriétaire décidera, au moment de l'inscription, dans quelle classe il souhaite faire concourir son chien, suivant son développement.

Classe champion de beauté : réservée aux chiens déclarés « champion de beauté national » d'un pays membre de la FCI, ou « champion de beauté international » de la FCI et âgés d'au moins 15 mois. Les chiens de cette classe ne concourent pas pour le CACS, mais pour le CACIB en concurrence avec les classes ouverte et de travail.

Lot d'élevage : pour cinq chiens de même race, inscrits au LOF ou à un livre des origines reconnu par la FCI, sans distinction de sexe,

Ch. Very Vigie Raspoutine.

Les récompenses

CACS : le certificat d'aptitude au championnat de conformité au standard ne peut être accordé qu'à un chien classé premier « excellent » (en classe ouverte ou de travail) et de mérite exceptionnel, cette récompense n'accompagnant pas automatiquement la première place.

Les juges font des propositions de CACS d'après les mérites absolus des chiens, sans avoir à vérifier si ceux-ci remplissent les conditions d'âge et d'inscription à un livre d'origines reconnu. La vérification de ces conditions incombe à la SCC.

Si le chien classé deuxième « excellent » est de qualité équivalente à celui ayant obtenu le CACS, il peut lui être accordé la réserve du certificat d'aptitude au championnat de conformité au standard, ou RCACS. La RCACS peut être convertie en CACS si le chien proposé par le juge à cette récompense ne peut prétendre à son homologation (en raison de son âge ou de ses origines), ou s'il possède déjà le titre de « champion de France de conformité au standard ».

CACIB : le certificat d'aptitude au championnat international de beauté ne peut être proposé que dans les classes ouverte, de travail et de champion. Les juges font des propositions de CACIB selon les mérites des chiens, sans avoir à vérifier s'ils satisfont aux conditions d'âge et d'inscription à un livre d'origines reconnu. Il appartient à la FCI de s'assurer que ces conditions sont bien remplies.

La réserve de CACIB, ou RCACIB, peut être convertie en CACIB dans les conditions analogues à celles de la RCACS.

NB : ne peuvent être acceptés à une exposition internationale que les chiens inscrits à un livre d'origines (livre d'attente compris) reconnu par la FCI.

engagés dans une classe individuelle, nés chez le même éleveur mais pouvant appartenir à des propriétaires différents.

Devenir champion de France

Pour devenir champion de France, il faut obtenir trois CACS précis avec trois juges différents :

– un CACS au championnat de France ou à la Nationale d'élevage ;

– un CACS dans une spéciale ;

– un CACS dans une exposition internationale.

On dispose d'un maximum de deux ans après l'obtention du CACS au championnat de France ou de la Nationale d'élevage pour décrocher les deux autres CACS. Un chien peut obtenir des dizaines de CACS, mais il n'aura pas le titre de champion de France s'il n'a pas gagné au Bourget ou à la Nationale d'élevage. Le délai imparti pour demander l'homologation du titre de champion de France est limité à six mois après l'obtention du dernier CACS.

Devenir champion international

Le cocker américain doit obtenir quatre CACIB dans trois pays différents au moins, avec trois juges différents, dont le pays de résidence du propriétaire ou le pays d'origine du chien.

Il faut au minimum un an et un jour entre le premier et le dernier CACIB pour que le chien soit officiellement déclaré champion international de beauté. L'homologation de ce titre s'effectue au secrétariat de la FCI à Thuin, en Belgique, via la SCC.

L'UTILITÉ DU COCKER AMÉRICAIN

Le cocker américain reste avant tout un chien de compagnie, idéal pour la vie de famille, gentil avec les enfants.

Le test d'aptitudes naturelles

Le cocker américain n'est pas une race soumise au travail. Les candidats à un titre de champion de beauté ou de conformité au standard n'ont pas besoin de satisfaire à une épreuve de travail mais à un test d'aptitudes naturelles (TAN) organisé par le SCF. Ce test est indispensable pour obtenir des points de cotation. Le passage du TAN est relativement facile chez le cocker. Rares sont les échecs.

Pour l'obtention d'un titre international de beauté, aucun TAN n'est requis.

> LES ÉPREUVES

Une note de 0 à 8 est attribuée pour chacun des critères suivants (un chien parfaitement équilibré obtiendrait un maximum de 30 points) :

– allure générale (le chien en liberté devra courir, être gai et curieux), de 0 à 5 points ;

– contact avec son maître (le chien devra obéir et avoir du rappel), de 0 à 3 points ;

– attitude au coup de feu, la peur du coup de feu est éliminatoire, de 0 à 3 points ;

– recherche du gibier, réactions et qualité de nez (qualité de nez du chien en présence d'une piste et son opiniâtreté à trouver ou faire lever le gibier), de 0 à 4 points ;

– prédisposition au rapport, le refus ne sera pas éliminatoire, de 0 à 4 points ;

– comportement vis-à-vis du juge (le chien en laisse devra être gai, se laisser examiner et toucher sans réactions négatives), l'agressivité est éliminatoire, de 0 à 8 points ;

– impression d'ensemble, de 0 à 3 points.

> Les résultats

Le TAN est jugé positif à partir de 20 points pour les english springers et à partir de 16 points pour tous les autres spaniels, notamment le cocker américain.

L'agility

Il est de plus en plus fréquent de trouver des cockers américains sur les parcours d'agility, et ils prennent manifestement plaisir à cette discipline.

> Les origines de l'agility

L'agility est née en 1978, dans le cadre de l'exposition canine britannique de Crufts. Ses organisateurs cherchaient une nouvelle animation susceptible de faire patienter le public attendant le déroulement du *Best in show*, manifestation phare de l'exposition. S'inspirant du jumping hippique, ils ont alors conçu un parcours d'obstacles variés et spectaculaires. Le classement des concurrents tient compte des fautes commises sur les obstacles et du temps mis à effectuer le parcours.

> Un engouement immédiat

L'agility est apparue à la fois comme une discipline éducative et un jeu sportif. Elle s'appuie essentiellement sur une harmonie entre le chien et son maître. L'agility fut facilement adoptée par les cynophiles pour l'image très positive qu'elle donnait du chien. Passionnante et facile à suivre, l'agility reçut un accueil triomphal du grand public et elle s'est rapidement répandue en Grande-Bretagne. En 1987, un premier concours d'agility est organisé en France sous les auspices de la SCC. Deux ans plus tard, elle est reconnue par la FCI.

> La participation

C'est à l'évidence la discipline du sport canin la plus ouverte. Tous les chiens peuvent participer, des plus grands (griffons par exemple) aux plus petits (cairns). Les obstacles ne mesurent pas plus de 40 à 75 cm de haut, selon les races, ce qui ne handicape pas le chien.

Dans la catégorie « A » (destinée à remplacer la catégorie « mini »), les obstacles ont 40 cm de haut. Elle est aussi ouverte aux chiens sans pedigree et à tous les clubs, qu'ils soient multidisciplinaires ou spécialisés dans l'agility.

Tous les éleveurs peuvent s'y essayer, quels que soient leur chien et leur lieu de résidence. Il existe 350 clubs répartis dans toute la France. On dénombrait, six ans après son démarrage officiel, plus de 12 000 participants. Le succès fulgurant de l'agility s'explique par le fait que c'est une activité à la fois éducative, de détente et sportive (un quart des amateurs pratiquent la compétition).

> Le parcours

L'agility s'exerce sur un terrain d'au moins 20 m sur 40, le parcours proprement dit a une longueur d'environ 100 à 200 m. Selon la catégorie, le parcours comprend de 10 à 20 obstacles.

On distingue les haies simples, doubles ou triples, le viaduc, la table, la zone d'arrêt, la passerelle, la balançoire, la palissade, le slalom, les tunnels rigides et souples, le pneu, le saut en longueur, la rivière et les cavalettis. Tous ces obstacles ne doivent présenter aucun danger pour les chiens.

Le tracé du parcours est laissé à l'imagination du juge. Les conducteurs en prennent connaissance juste avant le début des épreuves, mais sans pouvoir y entraîner leur animal. Il s'agit de modifier fréquemment le tracé et la position des obstacles, de façon à éviter une mécanisation du chien.

L'agility n'est pas une course de vitesse mais une course d'adresse. Le chien doit passer l'ensemble des obstacles dans un ordre prescrit, sans faire de fautes et dans la limite d'un temps de parcours standard (TPS) considéré comme un indice de base et non comme le principal critère.

> Les catégories

Outre les épreuves non homologuées réservées aux chiens sans pedigree, la répartition dans les épreuves homologuées (officielles) se fait par la taille. Un nouveau règlement prévoit quatre catégories :

– A, chiens de moins de 35 cm au garrot ;

– B, chiens compris entre 35 et moins de 47 cm, catégorie des cockers américains ;

– C, chiens de 47 cm ou plus ;

– D, chiens molossoïdes, peu véloces.

Chaque catégorie comporte deux classes, le premier et le deuxième degré, ce dernier étant réservé aux titulaires du brevet d'agility. Il existe également des épreuves ouvertes à tous les chiens, comme le jumping (parcours d'obstacles avec des équipes de quatre chiens).

> Apprendre en s'amusant

N'oubliez jamais qu'un certain niveau d'obéissance est nécessaire pour pratiquer l'agility. Il faut que le chien puisse évoluer sans laisse (ni collier) sous la direction de son maître. Les clubs d'agility sont là pour faire parvenir les équipes maître-chien à ce premier niveau.

S'il existe des compétitions, l'agility n'en reste pas moins un sport de loisir permettant d'éduquer tous les chiens en se distrayant.

Un peu de bonne volonté et d'assiduité seulement sont nécessaires. L'agility est un jeu susceptible de convenir aux cockers américains, alors pourquoi pas...

L'ÉLEVAGE DU COCKER AMÉRICAIN

Personne ne peut devenir éleveur du jour au lendemain, cela demande une préparation technique et intellectuelle. Il faut soit se renseigner avant, soit s'entourer de spécialistes. Cette expérience peut être fantastique pour la famille, ou catastrophique si personne n'est prêt. Un éleveur débutant devra, avant tout désir de faire reproduire ses chiennes, contacter un éleveur chevronné.

Devenir éleveur

L'éleveur est un passionné de cynophilie. On peut être éleveur dans l'âme dès son premier coup de cœur. Mais la fonction nécessite quelques connaissances et une pratique certaine.

Un éleveur obtiendra ses lettres de noblesse, son affixe, par l'expérience et la participation aux multiples concours nationaux et internationaux. Le métier n'est pas accessible à tous du jour au lendemain. Ne devenez pas éleveur pour gagner des fortunes. Même si les cockers américains ne sont pas donnés, ils représentent une somme de travail susceptible d'en effrayer plus d'un. L'élevage est une activité à part entière. Il nécessite un investissement total s'il veut être compétitif.

Mais on peut aussi devenir un amateur éclairé. Il suffit pour cela de continuer la lecture de cet ouvrage !

L'élevage : aspects pratiques

L'activité d'éleveur requiert beaucoup d'investissements : investissement en place (un coin tranquille pour la chienne et ses nouveau-nés et un endroit où les petits puissent se « défouler » quand ils sortiront du nid) ; investissement en temps pour surveiller et assister la mère et les petits ; investissement financier (prix de la saillie, installations nécessaires pour la mise bas, éventuellement soins par le vétérinaire, alimentation et entretien de la portée…) ; investissement physique, car la mise bas puis la portée nécessitent une attention de chaque instant, et les nuits sont alors très courtes, voire inexistantes !

Les normes d'élevage

Dimension du nid de mise bas

– longueur : longueur de la chienne x 1,5 ;

– largeur : taille au garrot de la chienne x 1,5.

Température de la maternité

– en ambiance : 20-25 °C ;

– les dix premiers jours (pour le nid) : 30 °C ;

– les vingt jours suivants (pour le nid) : 25 °C ;

– à partir de l'âge de 1 mois (pour le nid) : 20 °C.

Calendrier des vermifugations de la chienne

– dix jours avant la saillie ;

– dix jours avant la date présumée de mise bas ;

– dix jours après la naissance ;

– tous les quinze jours jusqu'au sevrage.

On peut en outre revacciner la chienne une à deux semaines avant la saillie : elle transmettra ainsi à ses chiots, via le colostrum, davantage d'anticorps.

> Les différentes « tailles » d'élevage

La législation varie selon la taille de l'élevage (jusqu'à 9 chiens, de 10 à 49 chiens, plus de 49 chiens).

Si l'on veut vendre un chiot de sa chienne, légalement et fiscalement, chacun doit déclarer le bénéfice des portées.

> Une activité agricole

L'élevage du chien avec la vente des produits nés de l'élevage est considéré comme une activité agricole. L'inscription à la mutualité sociale agricole est nécessaire si l'activité d'élevage représente une activité économique permanente.

La reproduction

Chacun doit être conscient qu'une portée de chiots génère une charge énorme de travail, de temps et d'argent, alors réfléchissez à deux fois avant de vous engager… Il est impossible pour quelqu'un qui travaille à plein temps de mener à bien cette expérience. Le chiot a besoin d'une attention quasi constante. Il faut alors organiser sa vie en fonction.

> La saillie : règles générales

Un certain nombre de formalités sont obligatoires pour que la future portée soit inscrite au LOF. Il faut tout d'abord s'assurer que les deux géniteurs sont confirmés, enregistrés définitivement au LOF et sont titulaires du certificat définitif (le pedigree) avant de procéder à une saillie.

• Les divers documents

Le propriétaire de la lice et celui de l'étalon doivent signer un certificat de déclaration de saillie. Le certificat de saillie devra être adressé par le propriétaire de la chienne à la SCC dans les quatre semaines suivant la saillie.

La SCC lui retournera un dossier comprenant la déclaration de naissance (à renvoyer deux semaines après la mise bas) et la demande d'inscription de portée (retournée après l'opération de tatouage, c'est-à-dire vers 8 semaines environ).

La portée doit obligatoirement être inscrite dans les six mois qui suivent l'ouverture du dossier, faute de quoi celui-ci serait frappé de forclusion et définitivement classé.

L'inscription doit être effectuée pour la totalité de la portée, l'écart éventuel avec la déclaration de naissance ne peut représenter que les seuls chiots morts ou irrécupérables.

• La codification de la saillie

Une codification concernant la saillie et les droits et devoirs des propriétaires d'étalons a été adoptée en juin 1979 par la FCI lors de son assemblée générale de Berne. Elle précise les conditions de la reproduction des chiens de race, notamment : même si la lice demeure vide, on considère que l'étalon a satisfait à ses obligations.

En effet, le règlement de la saillie ne garantit pas le fait que la lice soit pleine. Lorsque la lice

Les normes physiologiques de la chienne

Durée des chaleurs

Environ trois semaines (pro-œstrus et œstrus).

Cycle

Pro-œstrus : de 7 à 10 jours ;

Œstrus : de 5 à 15 jours ;

Postœstrus : de 100 à 140 jours ;

Anœstrus : jusqu'au cycle suivant (en principe) il y a deux cycles par an).

Saillie

Première saillie : attendre de préférence les troisièmes chaleurs.

Moment optimal pour la saillie : dans la majorité des cas du 10e au 13e jour, mais il est à noter que l'ovulation est parfois beaucoup plus tardive. Différentes techniques existent pour cerner le bon moment, tels les frottis vaginaux et le dosage de la progestérone.

Durée de la gestation

Dans la majorité des cas : de 60 à 64 jours.

Prolificité moyenne chez le cocker américain

Cinq chiots par portée.

demeure vide le propriétaire de l'étalon peut, en principe, offrir une saillie gratuite sur la même chienne aux chaleurs suivantes (mais ce n'est pas une obligation).

• L'insémination artificielle

En sperme frais

En ce qui concerne les inséminations artificielles en sperme frais, aucune formalité particulière sur le plan des certificats de saillie n'est à effectuer. Le vétérinaire n'a pas besoin d'agrément pour procéder à cet acte.

En sperme réfrigéré ou congelé

Pour les inséminations artificielles en sperme réfrigéré ou congelé, le certificat de saillie doit être signé par le vétérinaire inséminateur agréé (avant tout, vérifiez que votre inséminateur est agréé, peu le sont). N'oubliez pas de joindre un certificat de prélèvement portant le nom et l'adresse du vétérinaire qui a procédé à l'opération.

• L'aspect financier

Pour simplifier les démarches et éviter tout malentendu concernant les obligations de chaque partie, notamment les obligations financières, il est recommandé au propriétaire de l'étalon de déterminer par écrit les conditions dans lesquelles se fera la saillie. Le règlement s'effectue lors de la saillie. Les prix sont libres. Ils varient en fonction de la qualité de l'élevage, de la notoriété de l'éleveur, de la généalogie de l'étalon, de ses titres et de sa cotation.

• Quelques conseils

Pour faire saillir votre chienne, trouvez un mâle qui compense les défauts de votre animal. Généralement, c'est la femelle qui se déplace, le mâle, grand seigneur, attend ses compagnes à domicile. Il se peut que la chienne ne veuille pas se laisser saillir, cela arrive généralement avec des chiennes de particuliers trop maternées. Dans cette hypothèse, vous pouvez avoir recours à l'insémination artificielle en sperme frais. Les pourcentages de réussite sont les mêmes. Ce système permet par ailleurs d'éviter à l'étalon de contracter des maladies vénériennes (sarcome de Sticker, herpèsvirose).

> Quand faire saillir votre chienne

• Généralités

Certains ouvrages généraux conseillent de faire saillir la chienne à onze jours, puis de nouveau à treize jours. Mais le moment optimal varie d'une chienne à l'autre et d'une chaleur à l'autre. Certaines femelles cockers peuvent ovuler à sept jours, le maximum que l'on ait vu étant de vingt-sept jours.

• L'aide de l'homme de science

Les frottis

Pour déterminer la période d'œstrus de votre chienne, et ainsi le moment propice pour réa-

liser sa saillie, faites réaliser par votre vétérinaire des frottis vaginaux tous les deux jours à partir de sept jours. Les frottis indiqueront approximativement la période d'ovulation de la chienne, mais ne diront pas si celle-ci a vraiment ovulé. On peut considérer que c'est déjà un bon pronostic.

Le dosage de progestérone

Le dosage de progestérone détermine précisément le jour où il faut la faire saillir. La chienne ayant une ovulation étalée dans le temps, la prolificité peut être accrue en répétant la saillie après quarante-huit heures.

Les spermatozoïdes conservent leur pouvoir de fécondation pendant au moins quarante-huit heures, il est donc inutile de répéter la saillie tous les jours. De plus, un étalon qui saillit trop souvent sur un court laps de temps voit sa concentration en spermatozoïdes diminuer. Si vous avez des centaines de kilomètres à parcourir, il vaut mieux faire un effort supplémentaire en allant chez le vétérinaire, pour ne pas rater le coche.

> La gestation

Si l'on est habile, on peut palper la chienne à partir de vingt et un jours pour vérifier si elle est pleine. Les fœtus ont alors la taille d'une noisette. Si cette technique ne vous apporte pas la réponse désirée, l'échographie vous donnera une indication certaine. Elle s'effectue théoriquement à partir de vingt et un jours, mais attendez vingt-quatre jours pour mieux distinguer les chiots. Pour plus de sûreté, vous pouvez faire une seconde échographie une semaine après. L'échographie donne un diagnostic de gestation, mais ne permet pas de compter précisément les chiots.

Les squelettes des fœtus commencent à se minéraliser à partir du 45e jour, mais il vaut mieux attendre 51 jours pour avoir une bonne radiographie. Le comptage des chiots peut être utile lors de la mise bas. Vous serez alors sûr qu'il n'en reste aucun dans la chienne car, à la palpation, il subsiste toujours un doute.

Les signes annonciateurs de la mise bas

Les signes annonciateurs d'une mise bas sont assez explicites : la chienne s'isole, aime les coins tranquilles, reste très calme, parfois refuse de manger un ou deux jours avant. Elle devient inquiète, gratte sa serviette, vous regarde en vous demandant de l'aide, les papiers journaux sont déchiquetés. Elle peut avoir une montée de lait un ou deux jours avant. Elle perd des glaires et commence à haleter.

> La mise bas

Il n'est pas obligatoire d'appeler un vétérinaire lors de la mise bas, mais il est conseillé de savoir où le joindre, au cas où…

Les premiers jours de la vie d'un chiot sont primordiaux. Chez le cocker américain, il faut assister les mères à la naissance des chiots. Elles ont un instinct maternel certes, mais certaines mères n'ont pas, naturellement, les qualités de la fonction.

• La naissance

Au début, les poussées sont très espacées, puis elles deviennent de plus en plus rapprochées. Pour un néophyte, l'accouchement est assez impressionnant. Dans 40 % des cas, le chiot arrive par les pattes arrière, c'est tout à fait normal. Les autres chiots arrivent par la tête. Si l'on doit assister la chienne, il ne faut surtout pas tirer le long du corps de la chienne, mais tirer vers le bas. Le vagin de la chienne est composé d'une partie horizontale et d'une partie plus verticale. Vous devez de préférence tirer quand la chienne est en train de pousser et non pas entre les contractions.

Vérifiez que le chiot n'a pas une fente palatine, le lait refluerait par le nez. Dans ce cas, aucune solution n'est envisageable. Il faut faire euthanasier le chiot.

Exceptionnellement, le chiot peut naître avec tous les intestins dehors. On tente parfois de recoudre le ventre sans véritable espoir de réussite, tellement les échecs sont nombreux.

• Les soins aux nouveau-nés

En principe, la chienne mange le placenta et coupe le cordon ombilical avec les dents. Si la chienne ne sait pas ce qui lui arrive et ne sait pas s'occuper du chiot, c'est à vous d'ouvrir la poche et de couper le cordon ombilical à l'aide d'une paire de ciseaux préalablement désinfectée. Appliquez ensuite de la teinture d'iode sur l'ombilic. Vous devez également bien enlever les sécrétions pour faire respirer le chiot, et le frotter immédiatement avec une serviette-éponge. Si le chiot a un peu bu, prenez-le dans la main tout en soutenant la tête et donnez quelques coups vers le bas pour faire sortir le mucus par le nez et par la bouche. Stimulez-le jusqu'à ce qu'il crie. Il faut bien vérifier que le chiot tète, donc prenne son colostrum, dès qu'il est sorti. S'il n'a pas la force de téter, aidez-le en soutenant sa tête et en pressant le lait de la mère dans sa bouche.

• L'hygiène

En matière d'hygiène, si la mère ne s'occupe pas du tout de ses chiots, vous serez obligé de stimuler les selles en prenant un coton imbibé d'eau chaude que vous passerez sur l'anus des chiots pour les faire déféquer. Un chiot de moins de 15 jours peut avoir les paupières gonflées et suppurantes, avant leur ouverture. Il peut s'agir d'une conjonctivite purulente aiguë, qui se traduit par un écoulement de pus impressionnant, à l'angle interne de l'œil que l'on a légèrement pressé. Le traitement consiste

à ouvrir les paupières de force et à administrer un collyre antibiotique.

• La surveillance de la mère

À la fin de la mise bas, vérifiez que la mère a expulsé tous les chiots et faites-lui une piqûre d'ocytocine, pour être sûr que tout a été bien nettoyé et éviter des infections. Si la mère a une quelconque infection, celle-ci peut passer dans le lait et tuer tous les chiots. Un éleveur averti saura, au toucher ou à l'attitude de la mère, si tous les chiots sont nés.

• L'importance de la température

Les principales causes de mortalité du nouveau-né sont le froid et la déshydratation. On peut utiliser des lampes infrarouges, des plaques ou paniers chauffants thermostatés. Les paniers chauffants sont préférables aux lampes. La chaleur se diffuse vers le ventre et non vers le dos. La matière idéale pour tapisser les paniers en plastique est du type Vet-Bed, imitation synthétique d'une peau de mouton. Lavable même à 90°, elle sèche très vite et doit être changée impérativement tous les jours.

Une température trop froide ou trop élevée dans une chambre peut poser problème. Une étuve, une température insupportable peut rendre la mère nerveuse, l'affoler et l'amener à écraser un chiot.

> La surveillance du poids

Il est essentiel de bien suivre le chiot, de le peser immédiatement et ensuite deux fois par jour pendant dix jours pour contrôler sa courbe de poids. Le premier jour, il va perdre un peu de poids. Le chiot commencera à prendre du poids après deux jours. Vérifiez bien que chaque chiot tète, prend du poids. Si un chiot ne prospère pas, observez-le sous toutes les coutures. A-t-il un problème physique, comme un palais ouvert ? Ou est-il seulement plus fragile que les autres ? Les autres le poussent-ils, ne lui laissant pas le temps de prendre la tétine ? Dans ce cas précis, on peut le sauver en lui donnant le biberon. Il ne faut surtout pas attendre trop longtemps la vérification de l'état de santé du chiot. Car le temps perdu n'est pas rattrapable. Un chiot naît très vite et meurt tout aussi rapidement si personne n'en prend soin.

> Les premières semaines

• L'évolution

Un chiot naît sourd et aveugle, il vit un peu dans un état de léthargie. La tranquillité du chiot, le calme de la mère sont indispensables pour une bonne croissance. Si l'on remarque que le chiot a des difficultés à se nourrir, il faut intervenir (voir le chapitre « Alimentation »).

À partir de la 4e semaine, il devient plus actif. Il est curieux du milieu ambiant et présente donc plus d'intérêt. Il a des mouvements de tête. Il essaie de regarder en dehors de la caisse de mise bas. Il n'est plus seulement une groupie de sa mère mais un aventurier qui veut voir plus loin. L'évolution du chiot entre 4 et 8 semaines est captivante. Le chiot s'éloigne petit à petit de sa mère.

• Les cinq premières semaines

Le but premier d'un éleveur ne doit pas être une sélection de chiots d'exposition, mais un soutien à la vie. Jusqu'à 5 semaines, il n'y a rien d'autre à faire que de tenir les chiots propres et vérifier leur état de santé. La mère a besoin de vivre avec ses chiots. L'homme ne doit pas prendre une trop grande place à ce moment-là. Dès que les chiots ont des velléités d'indépendance, il faut prévoir des endroits où la mère puisse se reposer seule si elle en a envie. Dès lors, l'homme peut intervenir. Les chiots vont commencer à faire des bêtises, à pousser des petits jappements que l'on ne considère pas encore comme des aboiements, à développer leur personnalité.

• La découverte du monde

À partir de 5 semaines, il commence à y avoir de l'animation dans la nursery. Le travail de l'éleveur va s'accentuer. La mère va cesser de nettoyer elle-même ses chiots, l'homme devra donc effectuer ce travail hygiénique. Chaque éleveur doit bien profiter du moment où le chiot commence à découvrir le monde, car cela

passe très vite. Pour une famille qui élève une portée, c'est une joie de suivre cette évolution. Elle restera très marquante et très marquée pour le chiot. À cet âge, les chiots commencent à aller dans le jardin. Il faudra les suivre. Il faut garder les chiots dans des endroits où l'on sait qu'il ne leur arrivera rien.

Il est occasionnellement possible d'élever une portée dans un appartement mais, pour bien démarrer dans la vie, un chiot aura besoin d'air frais, d'un jardin.

• Le premier toilettage

Dès l'âge de 6 semaines, il est possible de commencer à toiletter la tête du chiot. Ce toilettage, de courte durée, doit être une partie de plaisir, pour ne pas le dégoûter à jamais. De plus, il est souhaitable de l'habituer rapidement au bruit de la tondeuse électrique, afin de faciliter le travail de son futur propriétaire « toiletteur ».

La sélection des chiots

Les femelles sont les piliers d'un élevage. En effet, un bel étalon est à la portée de tous, il suffit de payer le prix d'une saillie. En revanche, une très belle femelle est très difficile à acquérir. Un éleveur passionné fait saillir une chienne, pas obligatoirement pour vendre les chiots mais pour garder des cockers exceptionnels. Ce sont généralement les femelles. On ne garde qu'un nombre raisonnable de mâles. Une belle femelle n'a pas de prix. Commencer un élevage avec des femelles de mauvaises lignées serait une grave erreur, car il faudrait des générations avant de s'en sortir même si elles sont mariées avec les plus grands champions.

À 8 semaines, on peut commencer à juger un chiot sur l'esthétique. On ne juge jamais un chiot en séparant totalement l'esthétique du caractère. Même s'il est le plus beau chien du monde, s'il n'a pas l'« allure », il restera seulement un très bon chien de famille. On peut prendre chaque chiot sur une table, pour le toucher, vérifier qu'il est bien construit, mais il est aussi important d'observer son comportement en société.

Les couleurs de l'américain

La robe du cocker américain se présente sous plus de 15 coloris : noir jais (sans aucun reflet foie ou marron) ; noir et feu (la couleur feu peut aller du crème le plus clair au rouge le plus foncé et le feu peut être mélangé avec du noir, ce qui s'appelle *pencilling ;* blond (toutes

les nuances du blond sont autorisées, du blanc coquille d'œuf, appelé platine, en passant par le blond, le golden, le rouge et même l'acajou) ; noir et blanc ; orange et blanc ; tricolore ; chocolat ; chocolat et blanc ; chocolat et feu ; chocolat, blanc et feu ; bleu rouan. Certains éleveurs américains ont récemment mis au point de nouvelles couleurs : sable, sable et blanc. Ces couleurs ne sont pas autorisées par le standard.

En exposition, les cockers américains sont répartis pour être jugés en trois groupes : les noirs, les blonds et les autres couleurs. La règle veut (sans être une obligation, mais il est fortement recommandé de la suivre) qu'on marie les pluricolores entre eux. Par exemple, les orange et blanc avec les noir et blanc ; ou les tricolores avec les orange et blanc ; les noirs, noir et feu et blonds entre eux ; ou encore les blonds avec les noirs ; les noirs avec les noir et feu, les noir et feu avec les blonds, etc. Pour un éleveur débutant, il est assez dangereux de trop mélanger les couleurs.

Le choix des géniteurs

> La consanguinité en question

La consanguinité reste un mot tabou, un terme presque honteux pour le grand public. Qui n'a jamais entendu l'insulte « fin de race » ? La consanguinité entraînerait des tares héréditaires aussi bien chez l'homme que chez l'animal. Il faut en finir avec ces préjugés. Les chiens consanguins ne sont pas des chiens tarés. En aucun cas la consanguinité n'est responsable de l'existence de tares ; certes, elle peut favoriser l'apparition de tares récessives, si et seulement si la lignée en comportait. Il a été, en revanche, clairement démontré que sous l'effet de la consanguinité les animaux deviennent en moyenne moins féconds. La prolificité et la fertilité sont ainsi diminuées.

> Les méthodes de sélection

La science cynophilique distingue plusieurs modes d'accouplement selon le degré de ressemblance génétique des reproducteurs :

– le *breeding in and in* ou *close breeding* pour les accouplements entre sujets parents au premier ou second degré (frère et sœur, parent et enfant) ;

– le *breeding in* ou *inbreeding* pour les accouplements entre sujets parents au troisième ou quatrième degré (oncle/nièce, cousin germain/cousin germain) ;

– le *line breeding* où il existe cinq degrés de parenté au moins entre les géniteurs ;

– l'*interbreeding* qui correspond à un simple brassage de sang entre parents très éloignés et ne constitue plus à proprement parler de la consanguinité ;

– l'*outbreeding* ou retrempe est l'accouplement entre individus non apparentés.

Alors, ne vous inquiétez pas si vous voyez sur le pedigree de votre cocker américain plusieurs fois le même chien ou des chiens issus de la même lignée. L'éleveur sait ce qu'il fait. Il n'a aucune intention de décrédibiliser son élevage par une production de médiocre qualité.

Adresses utiles

> L'association de race

Spaniel Club français
Président : M. Arthus
191, domaine d'Aubigny
18700 Aubigny-sur-Nère
Tél./fax : 02 48 58 44 34
Site web : www.spaniel.asso.fr

> Éleveur

Laurent Pichard
Domaine Chez Molière
74560 La Muraz
Site web : www.veryvigie.com

> Les organismes officiels

Société centrale canine (SCC)
155, avenue Jean-Jaurès
93535 Aubervilliers Cedex
Tél. : 01 49 37 54 00
Fax : 01 49 37 01 20
Site web : www.scc.asso.fr

Fédération cynologique internationale (FCI)
Place Albert-Ier, 13
B-6530 Thuin (Belgique)
Tél. : 00 32 71 59 12 38
Fax : 00 32 71 59 22 29
Site web : www.fci.be

Bibliographie

> Les revues

Atout Chien
Complexe industriel de la Hunière
78120 Sonchamp

Cynomag
Complexe industriel de la Hunière
78120 Sonchamp

The Cocker Spaniel Leader
9700 Jersey Mill Road N. W.
Pataskala, Ohio
43062-9750 USA

> Les livres

– EYLAT Martin, *Vous et votre cocker américain,* Éditions de l'Homme, 1987.
– GORODNER Bill et ALTON Lloyd, *The World of Cocker Spaniel,* TFH Publications, 1994.
– KRAEUHI Ruth, *The New Cocker Spaniel,* Éditions Howell Book House, 1979.
– MOREAU Louis, *Le Cocker, élevage, dressage, soins,* Éditions Bornemann, 1988.
– NORMAN A. et JEAN S. Austin, *The Complete American Cocker Spaniel,* Éditions Howell Book House, 1993.

INDEX

Dans la même collection

– *L'Européen,* Brigitte Bulard-Cordeau.
– *Le Persan,* Brigitte Bulard-Cordeau.
– *Le Bouvier bernois,* Chantal Leclercq.
– *Le Lévrier afghan,* Martial Robin.
– *Le Labrador,* Gérard Sasias.
– *Le Basset-hound,* Jacques Médard-Ringuet.
– *Le Cavalier king charles,* Danielle Marchand.
– *Le Dobermann,* Angélique Heynard.
– *Le Briard,* Catherine Fauguière.
– *Le Chien de Saint-Hubert,* Jean-Pierre Boitard.
– *Le Berger allemand,* Marc Renaud.
– *Le Yorkshire terrier,* Alain Bobek.
– *Le Whippet,* Lise Mayjonade et Catherine Kretz.
– *Le Léonberg,* Georges Blin.
– *Le Rottweiler,* Frank Haymann.
– *Le Jack et le Parson russell terrier,* Chantal Leclercq.
– *Le Sacré de Birmanie,* Catherine Kretz.
– *Le Boxer,* Jean-Claude Mariet.
– *Le Norvégien,* Christiane Sacase.
– *Le Beauceron,* Monique Reverdy.
– *Le West highland white terrier,* Ruth O'Connor.
– *Le Maine coon,* Philippe Noël.
– *Le Bull terrier,* Julie Deutsch.
– *Le Dogue allemand,* Marie-José Labrousse.
– *Le Bearded collie,* Jacques Coly et Lucien Chaponet.

Crédits photographiques

Eitel Erika : 21 ; **Français/COGIS :** 4, 7, 15, 17, 18, 22, 31, 34, 46, 47, 53, 60, 64, 70, 72, 73, 74, 77, 78, 84, 87, 90, 92, 95, 99, 100, 107, 111, 113, 127, 128, 130, 132, 134, 136, 23 h, 28 b, 33 m, 48-49, 65 b ; **Gad :** 103 ; **Gauzargues/COGIS :** 12, 76, 86, 115, 118, 33 b, 65 h ; **Hermeline/COGIS :** 14, 32, 43, 51, 69, 81, 83, 91, 98, 106, 112, 114, 117, 137, 8-9, 24-25, 28 h, 29 d, 66-67 ; **Hurstel Christine :** 45, 96 ; **Labat/COGIS :** 11, 35, 50, 52, 56, 59, 61, 62, 88, 97, 116, 131, 23 b ; **Lanceau/COGIS :** 93 ; **Lili/COGIS :** 13, 126 ; **coll. Pichard Laurent :** 54, 120, 121, 123, 124, 141, 29 g ; **Suchet Ludivine :** 94 ; **Vedie/COGIS :** 6, 16, 27, 30, 33 b, 36, 39, 40, 55, 57, 68, 79, 89, 104, 108-109, 138, 139.